神様とやるすごい運トレ

39の開運トレーニングで人生が変わる!

愛新覚羅ゆうはん

日本文芸社

はじめに

あなたは運の良い人ですか？悪い人ですか？

「最近、なんだかツイてないなぁ」

「頑張っているのに、タイミングが悪い」

「うまくいかないことばかり……」

そんなふうに思うことがあったら、ぜひ、次の項目をチェックしてみてください。

□周囲から心配されることが増えた
□寝ても、休んでも疲れがとれず、体がだるい
□周囲の人に嫉妬したり、反抗心が高まっている
□なかなか人の話を受け入れられなくなっている
□「これ、大丈夫かな……」と疑心暗鬼になりがち

これは、運気が低迷しているサインです。ひとつでも当てはまったら、今、あなたは運に味

方されていないのかもしれません。

世のなかには、確かに「運の良い人」もいれば、「運の悪い人」もいます。

その違いはどこからくるのでしょうか？


私は、これまで15000人以上の方の相談にのってきた経験と、自分自身の体験のなかで、そのヒントは、孔子の教えの一節に隠されていると実感しています。

「人の本性は皆ほとんど同じである。違いが生じるのは、それぞれの習慣によってである」

この「本性」を、「運」と置き換えてみてください。


「人の運は皆ほとんど同じである。違いが生じるのは、それぞれの習慣によってである」


実は、**「運」と「習慣」はとても密接に連動している**ものです。

なぜならば、**習慣は生きる姿勢**であり、生きる姿勢こそが運を左右するからです。

「習慣」の違いが「運の強さ」を決め、運の強さが「人生の豊かさ」に影響するといってもいいでしょう。

運は皆さんに平等に与えられています。それをつかめるかどうか、活かせるかどうかは、人それぞれですが、**習慣や、習慣を作る意識や感情、自分との向き合い方によって、運はコントロールすることができる**といえるのです。

私自身、幼い頃から母や祖母に風水や開運方法を教えられ、神さまにお願いすることも大好きでしたが、何事も思うようにはうまくいきませんでした。どうして自分はうまくいかないのだろう?と、苛立ったり、自信をなくすなかで、この運と習慣の関係性に気づかされました。それからは、自分の言動を変え、心を見つめ、神さまとのつながりを大切にする日々を過ごすことで、人生がどんどん好転していったのです。

本書でお伝えしたいのは、私自身も実践してきた運を良くする方法です。

「開運のためのトレーニング」、「運気の体力をつけるトレーニング」といった意味合いを込めて、「運トレ」と呼んでいます。運トレを実践していけば、自然に運を味方につけることができます。たとえば、

・悩み、不安、恐れなどが軽減する

・間違った謙虚さがなくなり、自分の運命に遠慮しなくなる
・執着や依存、凝り固まった思考（呪縛）から解放される
・他人と比べないようになる
・自分にとっての豊かさに気づいていけるようになる
・仕事での評価が上がる
・願いが叶う速度がはやまる
・小さなラッキーが度々起こるようになる
・毎日が楽しくなる

こうした嬉しいことが、いくつも起こるでしょう。

運トレは、大きく3つに分けられます。ここでは、ひとつずつ簡単にご紹介していきます。

①「運の障害」をなくす習慣と意識の運トレ

運の悪い人たちの多くは、自分で良運を遠ざける、「運の障害」を作り出しています。**この運の障害を作る習慣をやめること、作ってしまった運の障害を取り払うこと。それが開運への第一歩**です。

まずは、日常生活の言動のくせを見直し、運が味方してくれる「習慣」と「意識」を心がけましょう。

さらに、運を扱う上で重要になるのが、「神さまとの連携」です。

私は、**自分のなかにいる、内在神「内神《うちかみ》さま」と、外の世界から私たちを見守っている「外《そと》神《かみ》さま」の両者とつながることで、自分一人では限界であることを越えて、最も強運な「神運体質」になっていく**と感じています。

②内神さまとやる、自分を知り、感情をコントロールする運トレ

あらゆる角度から自分を知る運トレを行うと、自分のなかにいる内神さまにも気づくことができます。また、自分の感情を整理し、コントロールできるようになれば、運は育まれ、どんどん強くなっていきます。

③外神さまとやる、神運体質になる運トレ

外神さまは、遥か彼方の天上にいるのではなく、常にあなたのすぐ近くで見守っていてくれる存在です。ご神気やご神域を訪れることで、つながりを強くしていきましょう。これが、運トレの総仕上げとなります。

「運勢」という言葉は、運に勢いと書きます。つまり運を開いただけではまだ足りなくて、さらに加速させていくことが大切なのです。これから紹介する運トレを実践すると、運の障害を取り払うところから、運を開き、さらに勢いをつけて強くしていくことができます。

本書を手にした皆さんはきっと「もっと運を良くしたい」「強運体質になりたい」「願いを叶えたい」という、開運への貪欲な意識があるはずです。

それは、今まさに、運を開く入り口に立っているということ。この「運への意識」というスイッチをいれた時点で、開運ストーリーはもう始まっていますよ。

さあ、一緒に運トレをして幸運に恵まれる日々を過ごしましょう。

愛新覚羅ゆうはん

もくじ

1 運の障害を作っていませんか？

2 内神さまとつながり運を育もう！

3 外神さまともつながり神運体質に！

特別編

神運体質を高める
ここだけのお話

守護神占い

あなたを見守る神様は？

登場人物紹介

ゆうはん
本書の著者。幼い頃から波瀾万丈。そんななかで開運の秘訣を学んでいく。詳しくは「ゆうはんの開運人生」で。

運ちゃん
開運の象徴。運ちゃんに好かれると、運気も上がり、嫌われると運気は下がっていく……。

内神さま
あることに気がつくと見えてくる神さま。つながると運気も上がっていく。

外神さま
私たちも知っている神さま。存在を感じられるようになると、運気もさらに上がる。

1

FORTUNE

運の障害を作っていませんか？

何だか最近、色々なことが行き詰まっている……。そんなときは自分で「運の障害」を作っているのかもしれません。運は平等に与えられますが、運の良し悪しはその人の習慣や習慣を作る意識によって左右されます。知らず知らずに、開運を妨げる運の障害を作っていませんか？運トレをして撤去しましょう！

BEFORE

自分の言動で
運の障害を絶賛製造中！

AFTER

障害を撤去！
自分で運をめぐらせよう

ゆうはんの
開運人生①
5歳で中国から移住
日本人として育てられました
China
Japan
私自身
運の障害を
作る名人
でした
母と祖母は教育熱心、
しつけはもちろん
開運の教えも
叩き込まれました
開運の
英才教育
掃除しないと
運が悪く
なるよ!
風水の教え
でも、その教えは届かず……
ぐちゃ〜
あちゃー
神さまはいつも
見てるよ!
人に優しくね!
はいはーい
学校でも…
ねぇ
お絵かきしよ
これから
縄跳び
するの!

絶対
お絵かきの方が
楽しいじゃん！
またわがまま〜
何でいつも
仲間はずれ……
A子ちゃんの
せいっ
うわー
自己中〜
近よりたくないねー
勉強も習い事も
ちゃんとやんなさい
いい大学
いけないわよ
教育ママ＆
パパの教え
全然うまく
ならない！
才能ないのは
ママのせいっ
ピアノ教室
私にこんなの
できっこ
ないもん
ABC…
英語塾
どうせ選手に
なれるわけない
やだ！
スイミング
勉強なんて
やらない！
マンガを許して
くれない
パパやママの
せい！
ゆうはん
30
私はあらゆる教えを
聞き流し、反発し、
気づけばネガティブ
の塊になっていました
ネガ子
ネガティブー

内神さま
ひねくれた考えをして……
こんな人は応援できないわ～
外神さま
こうして自分で運の障害をせっせと作っていたのです
運の障害製造中
うちの家系は医学系か教育系なんだから
しっかり受験勉強しなさい
10代になっても勉強はおろか恋愛をしても……
おまえは何もできないだろ！
2番目じゃダメ？
DV
UWAKI
MAZAKO
ママがさ～
ダメンズばかり！
人生がうまくいかない！
何がいけない？何が足りない？
これも、それも、あれも、どれも運命のせい！

荒れまくった私に祖母は……
人のせいにしたら幸運に逃げられっぱなしだよ！
えっ？
今まで私、人のせいにしてばかりだった？
もしかして運のなさは、私自身が原因だったの？
こうして私は運の障害となっていた自分の習慣と意識に気づいたのでした
ヨシ！
部屋の乱れは運気の乱れ！
テキパキッ
ママ、パパ私はデザインの学校に行く！
うれしい
仲良くできそう
運は皆に平等だからこそ生きる姿勢が大切！

運が良くないのは「運の障害」のせい？

運を良くしたい！と思うなら、まずは「運の障害」を取り払いましょう。

運の障害とは、運のめぐりや上昇を妨げたり、良運をつかみ損ねてしまう習慣や意識のこと。

コミックを読んで、「私、運の障害を作っているかも……」と思った方もいると思いますが、ほとんどの人は多かれ少なかれ、運の障害作りをしているものです。

私自身も以前は、自分の願う未来を作り出すのではなく、運の障害を作り出すことに一生懸命でした。ただ、なかには運の障害を作るのが、特別にうまい人もいます。それは、大人になっても考え方や習慣を、自分自身でしっかりチョイスできない人です。

人は育った環境の影響を、受けて育ちます。幼少期から学生時代の、若くて柔軟で、吸収力に長けている時期に受けた教育や周囲からの影響は、とても大きく習慣や思考にも強く影響を及ぼします。自分に合う、合わないを、取捨選択しながらバランスよく成長できればいいのですが、周囲からの大きな影響下から抜け出せず、そのまま大人になってしまう場合も。

自分で考えて挑むべき、さまざまな出来事に対処しきれなくなってしまい、常に不安、緊張、恐れに悩まされ、うまくいかないことを周囲の人やもののせいにしていくくせがつきます。そうして、いつのまにか、運の障害作りの達人になってしまうのです。

つまり若い頃に受けた、周囲からの影響をどのように消化してきたかによっても、運の良し悪し、人生の豊かさが決まると言っていいでしょう。

ここまで読んで、「与えられてきた環境や教育はもうどうにも変えられない」「今から運の障害をなくすことは難しいの？」と、思った人もいらっしゃるかもしれませんが、大丈夫です！スタートが遅かろうが早かろうが、運トレの効果は発揮されます。

すべてが完璧に備わっている人など、まずいません。すべてが完璧であれば、そもそも人として学ぶためにこの世に生を受ける必要がないからです。

そう思えば、周りから見て人生が順風満帆に見える人もまた、運の障害を取り払う努力をしているのかもしれません。どんな環境でも、それをものともせずに、目標や夢をつかんで実現させていく人たちはたくさんいます。大切なのは、**与えられた環境や教育、または現状に振り回されて、運の障害が障害を呼ぶ、負のスパイラルに陥らないこと**です。

今日から始める「習慣の運トレ」

「片づいてなくても、これくらいまあいいや」
「私が悪いっていうより、ママのせいでしょ」
「あの人とうまくやるなんて、絶対にムリ！ムリ！」
「なんかつまんないな〜。なんかいいことない？」

最近、こんな発言していませんでしたか？

靴を玄関に脱ぎ捨てる、必要がない限り部屋の窓を開けない、責任回避や自己否定の口ぐせ、物事の捉え方がいつもネガティブ、自分の考えに固執して人を批判するくせなどは、実は最もやりがちな運の障害を作り出すものです。

自分を信じずに、自分の外にあるものばかりに依存している姿勢といえるでしょう。運の障害を築き上げていては、良運もあなたに近寄れません……。

また、ルーティーンの行動ばかりで、特に感情が動くことがない日々を過ごしているのも、じわりじわりと運の障害を作っている状況です。

そんなふうに、私たちの日常生活のなかには、「運に悪い習慣」と「良い習慣」がありますが、自分ではどの言葉や行動が良いのか、悪いのか気づきにくかったりします。

特に、幼い頃から染みついてしまっている行動パターンや思考パターンからは、なかなか抜け出せないもの。しかし、いつものパターンをくり返しているから、運が悪いことが起こるんだと考えれば、今すぐにでも運トレを始めたくなりませんか？

運の障害を取り払い、運が味方してくれる言葉や行動を習慣化できれば、普段の行いだけでも、どんどん運気をアップさせられます。

まずは、玄関の掃除や片づけを。物理的に良い気を遮るものをなくすことから始めてみましょう。毎日過ごす場所を整えられれば、運のめぐりはぐんと活発になるはずです。その後は、ネガティブなくせを直したり、自分の心を喜ばせる習慣を心がけます。

運は平等だからこそ、一度自分の手からこぼれ落ちてしまっても、必ずまためぐってきます。めぐってくる運を、運トレをしながら待ちましょう！　気づけば、「最近いいことがよく起こるかも♪」「私って運がいい！」と実感できるようなことが次々と起こるはずですよ。

習慣の

運トレ 1

目に見える運の障害から片づけよう!

こんな人はすぐ実践!

玄関にものや靴があふれている	玄関の照明は他の部屋より暗め	床に髪の毛が落ちていても気にならない

玄関のちらかりや床の汚れは、最も身近に運の障害を表すもの。目に見えるので、運のバロメーターともいえます。

風水では、良い気は玄関から入ってきます。この玄関に段ボールを置きっぱなしにしたり、靴を散らかしたり、ゴミを放置していたらすぐに片づけること。玄関に良い気を迎え入れるために、気の流れを遮るものをなくしましょう。さらに明るい玄関になるように、キラキラしたものを置いたり、ライトアップするのも大切。靴は、お気に入りの靴1足だけなら、出しておいてもＯＫです（ただし、ぎゅうぎゅうの靴箱はＮＧ！）。

次に気をつけたいのは床。床に落ちているほこりやゴミ、髪の毛はどんどん運を低迷させていきます。特に、髪の毛は不浄のもので、床に悪い気がたまるといわれています。不浄なものがたまっている床の上を歩き、悪い気を舞い上がらせて部屋に広げてしまうことをイメージしてみてください。今すぐ掃除をしたくなりませんか？　床は毎日掃除機をかけられると理想的ですが、数日に一度でもかまいません。もし余裕があれば、月に一度でも良いので床を雑巾がけするか、ウェットタイプの床拭きシートで拭きましょう。いつも完璧にきれいな部屋を保つことは難しいですが、まずは玄関と床の状態に気を配ってみてください。

習慣の運トレ 2

湿度50%以下を保ち空気と運をめぐらせる

こんな人はすぐ実践!

部屋のなかが日常的に湿っぽい	換気をするのは1週間に1回程度	前回いつ布団を干したか覚えていない

空気のめぐりは運のめぐり。「湿気」の対策は必須です。

風水では漢字からもわかる通り、風と水の流れをもとに、土地や部屋の気の良し悪しを決めるのですが、湿気は水が多すぎてバランスを崩している状態。これでは、良い気を招くことができません。

部屋の湿度が50％を超えないよう、できるだけ気をつけましょう。除湿剤や除湿機を使う、クローゼットなど空気や湿気がこもりやすいところや、風呂・トイレなどの水場を換気することを心がけます。

布団も湿気がたまりやすいので布団乾燥機をかけたり、天気の良い日に干したりして湿気を飛ばします。寝具を吸水速乾や接触冷感の素材に替えるのも、汗をかきやすい季節にはおすすめ。また、洗濯物を部屋干しする場合は同時に除湿機をかけるか、部屋干し後に換気を忘れずにしましょう。

冬は乾燥しすぎるとウイルスに感染しやすくなるので、無理に除湿はしなくてもＯＫ。空気清浄機で空気の循環をよくして、加湿をしたら換気も忘れずにしましょう。除湿と換気だけでも部屋の空気は確実に変化し、運気はめぐっていきます。意識してぜひ実践してみましょう。

習慣の運トレ 3

「どうせ、でも、だって」の口ぐせをやめる

こんな人はすぐ実践!

自分のことが好きになれない	いつもやりたいことをあきらめがち	挑戦できない理由を探すのがうまい

ついつい使ってしまうネガティブな口ぐせ、ありませんか？

「どうせ、でも、だって」などは良運が最も嫌う口ぐせ！　自己否定したり、人のせいにしたり、「無理かも、ダメかも」と挑戦する前から自分の可能性を狭めたり、できない理由を言い訳していると、その言葉や感情が運気を下げてしまいます。また、「脳は発言した言葉を記憶する」といわれており、自分のことをネガティブに表現し続けていると、そういう人だと脳が記憶して、性格を作っていってしまうといいます。

ネガティブな言葉を言ってしまうのがくせになっている人は、嘘でもいいのでポジティブになる言葉を発信していくこと。そして、もしネガティブな言葉を言ってしまったら、その後に「でも、こういう場合もあるかもしれないな」とポジティブに考えてみて、思考を切り替えるくせづけをしていきましょう。どうしても「どうせ、でも、だって」から抜け出せないときは、その悩みを「まあ、いいか」と手放してしまうのもひとつの手です。

人間にはもともと防衛本能や危機管理能力が備わっているので、ネガティブなことを考えてしまうのは避けられません。それでも、イメージしたことが現実になる仕組みなので、運を信じるポジティブな考え方が必要です。人に備わっている可能性や、運は考え方次第で進化させられるもの。しっかり運トレしていきましょう。

習慣の
運トレ ④

「私は運がいい!」と笑顔で一日10回唱えよう

\ こんな人はすぐ実践! /

自分は運に恵まれないと思っている	運が悪いことが起きると翌日まで引きずる	ラッキーな出来事は単なる偶然だと思う

どんな人にも、良運と悪運の両方が訪れます。人生がずっといいことばかりの人も、悪いことばかりの人もいません。良運が来ても、悪運が来ても、運を活かすためのコツを知っていれば、良運がさらなる良運を呼び、悪運を消化できるようになります。

「運がいいと思い込む」ことは、運を活かすためのコツのひとつ。過去に「ラッキー！」と思う経験をくり返し、自分は運がいいと思い込む人もいれば、根拠のない思い込みでハッピーな人もいます。いずれにせよ良い習慣です。

運がいいと思い込むのはある種のマインドコントロールですが、この効き目は素晴らしいものです。ポイントは、本気で思い込むこと。人は何を思い込むかで吉を拾うか、凶を拾うかが決まってきます。運がいいと思い込むと吉を拾う回数が増えますし、運が悪いと思い込むと凶を拾う回数が増えます。

良運が舞い込んで来たときは「ほらやっぱりね！」というように、自分は運がいいと思い込みましょう。反対に、悪運が舞い込んで来たときは「私って運が悪いんじゃないか」と思ってしまいがちですが、悪運も運です。つまり、あなたを試している試練だと思ってみてください。アンラッキーをラッキーに転換するには「運はある！」と、とことん自分の可能性を信じ切ることです。

習慣の
運トレ 5

「永遠、絶対、100%」という言葉はできるだけ使わない

こんな人はすぐ実践!

自分の善悪の判断に自信がある	人の意見にはほとんど影響されない	環境や人間関係が長年変わらない

「絶対○○だ」「100％そうでしょう」「永遠に終わらない」など、変化を否定する言葉をついつい口ぐせのように使ってしまっていませんか？　こういった「永遠、絶対、100％」といった言葉は、運の障害を作るだけでなく、あなたの運や人生の可能性を遮ってしまいます。

仏教の教えにも「諸行無常」という有名な説法があるように、物事はすべて循環し、常に変化しているもの。変化を否定する言葉は使わないように心がけると、それに伴って運や人生の可能性も開けていくのです。

まず気をつけたいのは、「間違っている」「正しい」という言葉。物事が常に変化をするものだと知っていれば、何が間違っていて何が正しいのか、断定することが難しいということがわかるはず。「そういう意見もあるよね」「そういう可能性もあるよね」と、変化の可能性を残す言い方をしていきます。

また、意見を言うときは、自分の意見を「押しつける」のではなく、「伝える」ことを意識しましょう。「私はこう思うけど、あなたはどう思う？」と意見を求めるのもおすすめ。人間が75億人いたら75億通りの考え方があるものです。自分と意見が一致する人間はいないと思って、「私はこう思うだけ」という気持ちで意見を伝えましょう。

習慣の運トレ 6

月に一度は芸術に触れて感受性を豊かにする

こんな人はすぐ実践!

美術館や映画館に行くことがない	コンサートや劇場などに行くことがない	心を動かされる体験が最近ない

人間は、さまざまな経験をするたびに多様な感情を覚え、その過程のなかで変化しながら成長します。心の成長は、運の障害を作らずに運を開くための大きなポイント。

つまり、たくさんの感情に触れて感受性を豊かにしていく必要があります。そのために、積極的に実践したいのが芸術鑑賞です。

映画鑑賞はそのひとつ。映画は映像や音、ストーリーを通じてダイレクトに情報が飛び込んでくるものです。五感があふれるほどの刺激を受けて、あなたの感情や感受性を突き動かしてくれます。特に、映画館で見るとその効果は絶大です。

また、美術鑑賞ももちろんおすすめ。有名な絵画を鑑賞したり展覧会に定期的に行き、人間が作り出してきたさまざまな作品を鑑賞しましょう。見ているうちに、人間には多くの可能性があるという気づきや発見で、感受性が豊かになっていきます。

また、音楽鑑賞も素晴らしい経験になります。音の記憶とは驚くべきもので、懐かしい音を聞けばその当時の記憶が思い起こされることがあります。人間は音を聞いているとき、五感をフル活用しているとわかる瞬間です。コンサート、ライブ、舞台やミュージカルなど、好みのものを楽しんで、感情を発散させていきましょう。

習慣の

運トレ 7

自分の手でものを作り出す習慣を持つ

\ こんな人はすぐ実践! /

料理をする機会がめったにない	手を動かす趣味を持っていない	不器用で手作りは不得意と思っている

感受性を豊かにするために習慣にしてほしいのが、何かを手作りすることです。手先を動かすことは脳と連動しているといわれていて、感受性が豊かになることが期待できます。さらに、手作りは仕上がったときの達成感や満足感を得られたり、周囲からほめられることもあるので、運を開くためのトレーニングとしてピッタリです。何から始めていいかわからない、という人は次のような手作りにチャレンジしてみましょう。

手作りのなかでも、衣食住に結びつくものは日々の生活の実益も兼ねるため、習慣にできると自信につながりやすいのでおすすめです。そこでまずは、料理やお菓子作りを始めてみましょう。「食」は、結果が「おいしい」か「まずい」か、わかりやすいので、達成感を得やすいジャンルです。

料理はしてる！という人は「住」に結びつく分野であるインテリア小物作りに挑戦してみませんか。最近ではハーバリウム、カルトナージュ、陶器の絵付け、アクセサリー、フラワーアレンジメントなどたくさんの選択肢があります。どれも人気があり、自分の作品を販売するのも難しくはありません。作品が売れれば、さらに達成感を得ることができます。

最後に、「衣」である手芸です。編み物、和裁、洋裁など、実際に使用したり着用したりできるので、とても身近に感じられ、良運を引き寄せる豊かな心が育まれます。

習慣の

運トレ 8

ブレない軸作り
グラウンディングを習慣にする

こんな人はすぐ実践!

今いる場所で自分らしさを活かせない	気持ちが不安定になりがち	すぐ集中力が途切れて継続性がない

この運トレではブレない自分を強化させる習慣を持つことで運を良くしていきます。そこでおすすめしたいのが、天（他力）と地（自力）をつなげる軸を作ること、すなわち「グラウンディング」です。

グラウンディングは「地に足をつける」という意味。やり方はとても簡単です。

まず両足を肩幅ぐらいに開いて真っ直ぐ立ち、ゆっくりと頭、首、肩の力を抜いていくイメージをします。両手をおへその下あたりにそっとあてて、鼻から息を吸い、両手をそえたあたりに空気をためましょう。ためきったら3秒ほど息をとめ、その後ゆっくりと口からためた空気を「はーっ」と吐き切ります。

この呼吸を3～5回くり返します。夜寝る前や、お風呂で体が温まった後にやると効果的です。

吐き出すときは、ためていたストレス、不満や不安を「心身から消えるように」抜いていくイメージを。自分を木に見立て、吸うときは頭から木々の幹や葉っぱがぐんぐんと天に伸びるように、吐くときは足から根がぐんぐんと地中に伸びるように意識すると、天と地、それとつながる自分軸が、より強いものになります。

運の流れを一気に変える「意識の運トレ」

人は、想像できることであれば、創造もできるもの。

そういわれるように、私たちには、良いことも、悪いことも、両面実現できる能力が備わっています。「引き寄せ」という言葉は、イメージした事が叶ってしまう仕組み。運を創造しているということです。

良い運を引き寄せるイメージができている人もいれば、悪い運を引き寄せるイメージをしている人もいるでしょう。運をどう創造するかは、イメージしていることや意識していることによる結果なのです。

たとえば……、

あなたは、普段、何を叶えたいと思っていますか?
どんなことが起きれば幸せなのでしょう?
どこまでイメージができていて、どこまで願いが叶うと信じていますか。
もしかすると、イメージをした後に、「でも、こんな私には難しいかもしれない」と不安に思う人もいるでしょう。

人によっては「できっこないことは考えない！」などと、最初から決めつけてイメージすることをやめてしまう方もいるかもしれません。

または、「たくさんやりたいことはあるけど、時間もお金もないんだよね」と、いつもの言い訳がスラスラ出てくる人もいるでしょう。

そんなふうに、**人は生きていくなかで、知らぬ間に、自分の運命に対して遠慮やごまかし、決めつけをしていくようになってしまいます**。

運を開くには、自分を閉じないこと。これはとても大切です。

自分を否定したり、可能性を疑ったりして運の障害を作ってしまうと、アドバイスしてくれる人の声も耳に届かなくなります。それは運の障害がさらに障害を呼ぶ、負のスパイラルです。

意識したいのは、自分を開いて新しい世界と交流すること、そして何より、自分を信じることです。そういう人は、運だけでなく、神さまにも好かれます。日々の意識が変わると、幸運の波に乗るチャンスにも気づけるようになりますよ。

意識の運トレ 1

世界地図を広げて運を開くきっかけを作る

こんな人はすぐ実践!

毎日 家と会社（学校）の 往復だけ	旅行など 遠出することが 嫌い、苦手	他人の発言や行動に 興味を持てない

視野を広げて新しい知識や良識を得ることは、運を開くことにつながります。運が開けると、より一層自分の可能性が広がり、それによって引き寄せられる物事や人々も変化に富んできます。また、視野が広ければさまざまな観点から物事を考えることができるので、何かを決断するときの選択肢も増えていきます。これが人生を豊かにするきっかけにもなるのです。

視野を広げるためには、実際に外国へ行ったり、外国人と交流することが効果的ですが、海外へ行くことができないときは、世界地図を眺めましょう。世界地図や地球儀は、世界がどれだけ広く、さまざまな人であふれているかを知ることができるもの。

私の周囲で強運体質だといわれる方々のオフィスには、必ずといっていいほど世界地図があります。最近は「Ｇｏｏｇｌｅマップ」のようにインターネット上で全世界を３Ｄ式に見られるようなサービスもありますので、それらを利用しても良いでしょう。

加えて、古事記や日本書紀といった日本の神話を読んだり、老子、ブッダなど過去の偉人の思想に触れたり、小説や漫画を読んで感受性を高めることも、視野を広げ、思考を豊かにするために有効です。外国語を学ぶのも異文化に触れる効果的な方法としておすすめです。

意識の

運トレ 2

損や無意味な出来事こそ存分に楽しむ

こんな人はすぐ実践!

無駄な時間が耐えられない	見返りがないことは絶対したくない	良いことの次は悪いことがあると信じている

運を開くために意識したいことは、他にもあります。それは、無益なことに価値を見いだすこと。運を活かす人は有益なことにも貪欲ですが、「こんなことをやったって意味がない」「こんなことを知っていても役に立たない」、そんな無益なことにも価値を見いだせる人なのです。

たとえば、一名の当選枠に一万人の応募がある懸賞への応募は「無益なこと」かもしれません。運を活かさない人は、一万分の一の確率なら自分が当選するとは思えないから、応募するのはやめようと考えます。でも、運を活かす人はそうは考えません。当選確率が一万分の一でも、百億分の一でも、その一枠に自分は選ばれる可能性があると信じ、価値を見いだして応募します。懸賞は、応募しなければ当選もしません。運を活かす人はこのようにして、積極的にチャンスを手にしているのです。

運を活かす人は、一見無意味に思えることに対しても、前向きか上向きに全力投球していきます。決して、軽視したり、無視したりしません。いいことがあったらもっといいことが起きると信じ、うまくいかなくても次はいいことが起こるだろうと考えています。運の障害をなくすには、どんな場面でも思考を前か上を向くように意識することが大切。運が大きく開いていくはずです。

意識の運トレ ③

運を動かす「即実行」。ピンときたら、すぐ動こう!

こんな人はすぐ実践!

直感はまったく信じていない	やりたいことを行動に移すのが遅い	時間やお金を理由に行動しないことが多い

運が良い人は「即行動、即実践、即開運」の三拍子がそろっています。もちろん見切り発車をして失敗してしまうこともあるのですが、どんどん失敗と成功をくり返し、自分に合うことを見極められるようになっていきます。そうすると、自分に合うことをさらに実践でき、運をくり返し鍛えて、成功体験を積み重ねていけるようになるのです。

自分に合っていること、成功しそうなことを見極められるようになるには、まずはなんでも貪欲に当たって砕けてみることです。直感を信じて、「やってみよう！」と腰を上げましょう。直感を信じることは、自分を信じることでもあります。未知のことに対して、あるいは一度失敗したことに対して「失敗したくない」と思うのはごく当たり前の感情ですが、失敗を恐れて未来の可能性を狭めたり、行動を制限したりしてはいけません。「失敗＝学び」と前向きに捉え、積極的にチャレンジする意識を持ちましょう。

それでも躊躇《ちゅうちょ》してしまう人は、あれこれと考えすぎかもしれません。考えすぎる思考のくせは、自分の狭い視野のなかで考えが堂々めぐりしているだけ、という場合があります。「やってみたい」「おもしろそうだ」というふうにピンときたら、即行動しましょう。運をめぐらせるには、行動力の早さもポイント。「即行動」「即実践」して、どんどん良運をつかみましょう。

意識の

運トレ 4

好奇心を持てないと神さまにも運にも避けられる

こんな人はすぐ実践!

- ニュースや流行にはあまり興味がない
- SNSの情報に振り回されやすい
- やってみたいと思っても躊躇しがち

神さまや良運は好奇心旺盛で、視野を広く持っている人が好きです。好奇心旺盛な人はさまざまなことにアンテナをはっているだけでなく、実行力があります。「何だろう？」「気になる！」という興味から、実際に「行ってみよう」「やってみよう」という行動へつなげられるからです。この「行動力」は、「意識の運トレ③」でもお伝えした通り、運を動かす力になります。逆に好奇心を持てず、いつも通りの目の前の小さな世界だけで過ごしていると、神さまや良運はあなたを避けて味方することはないでしょう。

あなたがもっと好奇心旺盛になるためには、以下のようなことを実践すると良いでしょう。まず、情報の要不要や真偽を自分で見極めること。この世界はたくさんの情報であふれていますが、まずはその情報が自分にとって必要か、役に立つかを見極めましょう。

次に、好奇心を持ったら言い訳をしないこと。「興味はあるけど時間がない」「やってみたいけどお金がない」と言ってあきらめず、時間やお金を工面してやってみることが大切です。基本的にこの世のなかは、「やりたい」と思ったことはすべて実現できるようになっています。せっかくのチャンスを逃さないようにしましょう。自分の可能性や運命に躊躇してしまうのは、もったいないことです。

意識の
運トレ 5

自分のために生きる「自分ファースト」になる

こんな人はすぐ実践!

自分のことより人のことを優先しがち	人から愛されていないと思っている	自分をほめたり、大切にできていない

神さまも運も、自分を大切にする人を愛します。これは、「自分を大切にしている＝内神さまを大切にしている＝外神さまとのつながりも大切にしている」というように、連動しているからです（詳しくは62ページから）。

自分を大切にし、自分を愛するためにまず行いたいのは、「自分を愛せていない、大切にできていない」という意識を切り離すこと。この意識を抱えていたり、周りからそのように言われたりすると、脳はそれだけをくり返して覚えてしまいます。そうすると、「何とかして自分を愛さねばならない」と思い込み、「〜せねばならない」という強迫観念に陥ってしまいます。

常に心がけたいのは、「自分ファースト」に生きること。誰かのためでなく、自分のために生きることです。これはわがままや傍若無人とは違い、誰になんと言われても自分はこうしていく、それが正しいか、間違っているかは自分で学んでいくんだ、という強い意志を持つことです。さらに自分に感謝したり、ほめたりすることです。自分にありがとうと言うくせをつけ、どんな小さなことでも「私ってすごい」と声に出してほめていくようにしましょう。一日の終わりに鏡に向かって「今日はありがとう、今日はこんな素晴らしいことを達成したね」と笑顔で声に出してほめてあげましょう。

意識の

運トレ 6

未来を決めつけなければ
運は自然に上がっていく

こんな人はすぐ実践！

明日の予定を考えると心配になる	マイナス方向に妄想力が暴走しがち	昔の失敗を思い出すことが多い

未来を不安に思ったり怖がったりすると、運はめぐらないどころか逃げていってしまいます。不安や悩みがない人間なんていませんし、未来がどうなるかは誰にもわからないもの。でも、何も確定していない未来を、過去の経験などから想定して不安がっていては、その想定が現実のものとなってしまいます。未来が自分の不安に思っていた通りになると、「やっぱり自分の想定していたことは間違っていなかったんだ」と感じ、また別のことでも悪いように想定した未来を実現させるスパイラルに陥ってしまうのです。これは、運が逃げてしまうパターンです。

運に逃げられないためには、「未来を想定しない」ことです。未来は確定していないのだから、「過去にこうだったから、きっと未来もこうなる」と決めつけないようにしましょう。もしネガティブに考えてしまっても、「でも、そうじゃない場合もあるかもしれない」とポジティブに考えるようにします。「どうなるかはわからないけれど、考えても仕方がないからやってみよう」とか、「どうなるかわからないのが楽しみ」というふうに、未来に対してはニュートラルに、かつ少しワクワク期待をしているといいでしょう。

このような心持ちでいると、運に逃げられることもなく、無限に広がる良運の可能性を受け取ることができます。

意識の
運トレ 7

運をつかむための握力は
運を疑わない心

こんな人はすぐ実践！

ラッキーを素直に喜べない	幸せはそうそう起きないと思っている	つい遠慮や謙遜をしがち

運は天から落ちてきたりんごのようなものです。見落としてしまうりんごもあれば、うまくキャッチできるりんごもあるでしょう。しかし、運のりんごはキャッチしただけではするっとあなたの手から滑り落ちてしまいます。そこで必要になるのが、運をつかみ続ける握力です。握力がないと、せっかくやってきた運にびっくりして「えっ！」と手放してしまったり、「私にはまだその資格がない」と自ら放棄したりしてしまいます。

良運のりんごをしっかりつかみ、大切にすることでりんごは運の満ちた金のりんごに変わります。金のりんごをたくさん積み重ねると、運の積み重ねとなり、開運体質↓強運体質↓神運体質へとつながっていくのです。

握力を高めていくためには、与えられた運を疑わないことが大切です。運が舞い込んできたとき、「どうして私に!?」と、疑問を持ってはいけません。「私だからこそ来た運なんだ」と、堂々と喜びましょう。また、その運を多面的に見ることも大切です。「こうなったらどうだろう」「こうしたらどうなるかな」とさまざまな角度から考えることで、一見良くない運でも良運として活かせる一面に気づくことができます。周囲にいる運の良い人に話を聞き、金のりんごを育てた経験談も参考にしてみましょう。

意識の

運トレ 8

変化の予兆をキャッチして運の波に乗ろう

＼ こんな人はすぐ実践！ ／

幸運は不平等に与えられると思っている	体調や気分の変化に気づきにくい	変化が苦手でいつもの自分に固執してしまう

運は幸運期と停滞期を心電図のように上下にくり返しながら、少しずつ進化をしています。統計学をベースにした占いでも、「種まき→芽が出る→花が咲く→収穫する→休憩→返り咲きする→完成→冬に向けての準備→停滞期→春が来る→種まき……（以降くり返し）」というバイオリズムで一生が形成されていることがわかっています。どんな人でも、ずっと不幸が続いたり、ずっと幸福が続くことはありません。

運の幸運期と低迷期が切り替わるときには、予兆があらわれます。運の良い人は、この予兆をキャッチして良運の波に乗るのが得意。運気の変化を意識できるようになりましょう。

運の波のバイオリズム

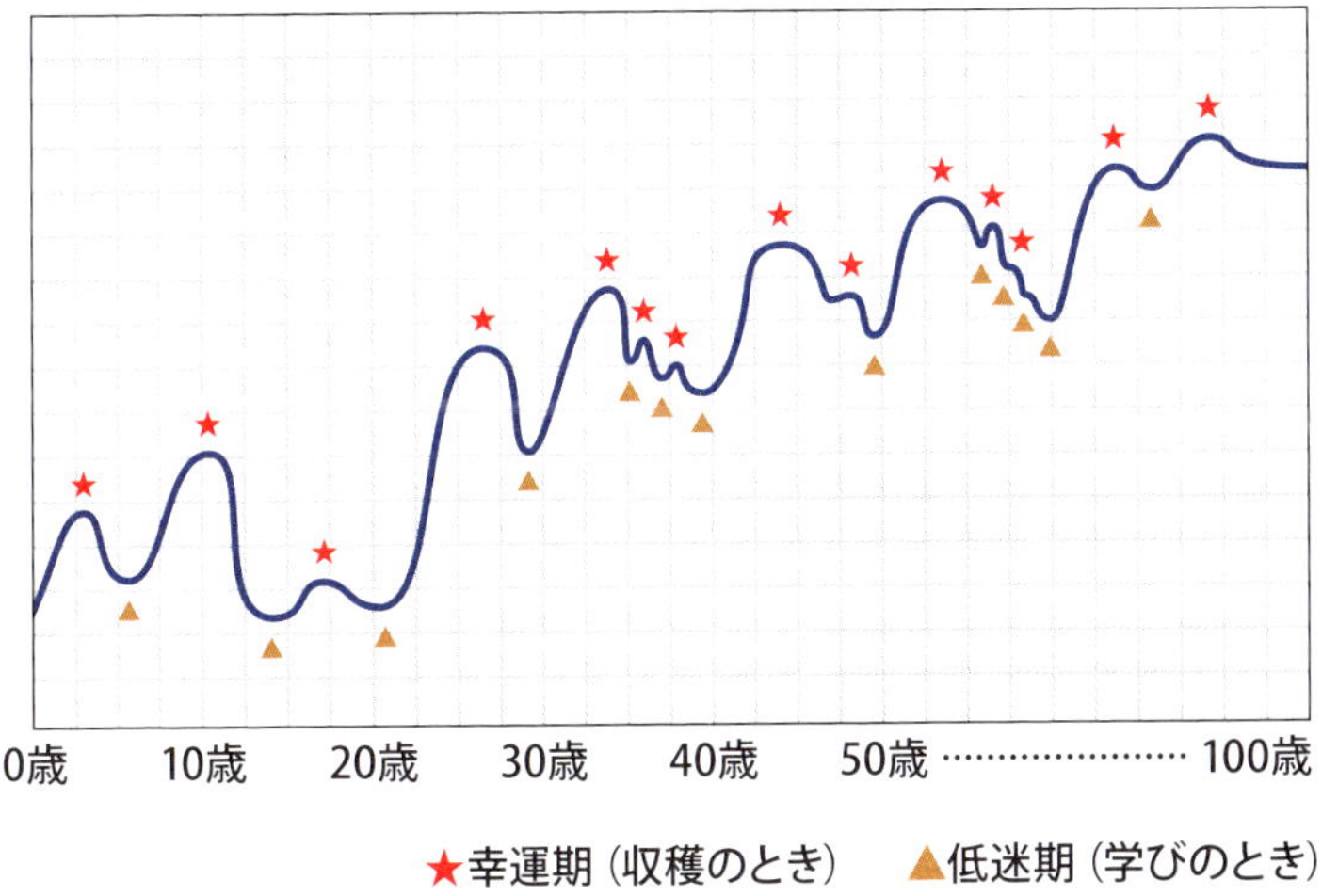

まずは、四柱推命、西洋占星術、九星気学などで自分の運気のバイオリズムを知っておきましょう。これらは古代から続く統計学をもとにした占いで、信頼のおけるものです。自分が幸運期と停滞期のどちらへ向けて推移しているかがわかっていれば、予兆をキャッチしやすくなります。

わかりやすい予兆は、周囲から「最近変わったね」と言われること。こう言われたら、どのように変化したかを聞いてみましょう。良し悪しどちらの答えが返ってきても、それは運気の変化の予兆です。

また、悪いことばかり続くとき、良いことばかり続くときも、運からのサインです。アンラッキーをくり返すときは、「その原因を見極めなさい」というサイン。反対にラッキーが重なるときは、今まで学びを乗り越えて努力をした結果、ギフトが返ってきているのです。そして、「次のステップのために準備をして」というサインも同時に送られています。

趣味や嗜好《しこう》が変化するときは、あなたが次のステージに向かっていることを示し、転職や引っ越しをしていないのに、新しい出会いが増えたり、今まで近い存在だった人と距離ができたりした場合は、あなたが大きく成長し、ステージが変わったという証拠です。これも運の変化の予兆ですから、未練を残さず前へ進みましょう。

運気の変化の予兆を表すサイン

□ **「最近変わったね」と言われた**

↳ どう変わったのか聞いてみよう

□ **悪いことばかりが続いている**

↳「その原因を見極めなさい」というサイン

□ **良いことばかりが続いている**

↳ 今までの学びの努力の結果、ギフトが返ってきているサイン。同時に「次のステップのための準備をしなさい」という意味

□ **趣味や嗜好が変わった**

↳ あなたが次のステージへ向かっているサイン

□ **転職や引っ越しをしていないのに新しい出会いがある**

↳ あなた自身が大きく成長し、ステージが変わったという証拠

2

FORTUNE

内神さまとつながり運を育もう！

運が開いてきたら、気持ち良く過ごせる日が増えるはず。もっともっと運を育んで、どんどん幸せになっていきましょう。秘訣は「内神さま」とつながること。神さまは自分のなかにいるということを知っていましたか？　自分を知り、感情を整理し、自分の本当の声を聞けるようになると、やりたいこと、好きな人、好きな場所ともつながることができます。

BEFORE

**自分ってなんだろう。
自分と向き合えてないと
前が見えない！**

AFTER

**自分を知ることで、
物事がクリアになって
運が味方につく！**

ゆうはんの
開運人生②
高校を出て、志望したデザインの道に進んだ私
運を育む旅の始まり！
楽しいな〜 ふんふん♪
時折、ネガティブになってもそれなりに楽しい日々
しかし そんなある日
戸籍をとりに行かなくちゃ
納税関係の手続にきた
申し訳ございませんが戸籍がありません……
はいっ???
ご自身を証明するものはこちらです
YUHAN
ゆ、ゆう、はん？ 外国人登録証明書!?
衝撃的な事実が……
ちょっと…
お母さん！ どういうこと!?
YUHAN
日本人として育ててきたけどあなたは中国人よ 愛新覚羅家の末裔で……
愛新覚羅!?

自分を見失う出来事でした
私って何なんだろう……中国人って……
YUHAN… JAPAN… CHINA…
もんもん
中国歴史
清朝、愛新覚羅
しばらくの間、本来の自分を知ろうともがき続けていると……
不思議なことが起きました
ねぇねぇ
バーン
だ、誰!
私はあなたのなかにいる神さまよ
【内神さま】自分を知る人には感じたり、見えたりする。つながることができると運も強くなる
グイグイくるなぁ…
自分のこともっともっと知ってみたらどう?
いつからいたんですか?
ずっとずーっと前からよ♡

うん。もっと知ってみたい！
中国の大学に留学してみよう
内神さまと出会い、私は自分を知る旅に出たのです
Go to China!
いろいろなことを経験し、知り、学ぶ生活
カリカリ
勉強したり
ふむふむ
CHINA
そうそう。そうなのよ
映画を観たり
感動…
ビクッ
親戚に会ったり
你好
はじめまして…
ルーツについて深く知ることができました
すごい。自分を知ると、どんどん気持ちがクリアになっていく
でしょ、でしょ
めまぐるしく、自分が変化していくのを感じました
レベルアップ
テッテッテレ〜
昔のゆうはん

するとなぜか相談されることが多くなったのです
聞いて！彼氏が冷たくて
それならさこうしたら？
人間関係がうまくいかないんだ
生年月日教えて。見てみるよ
私、占いで人の役に立てるのかも……!?
なんか自分に自信がついてきたみたい！自分のことも好きになれそう
あれ？内神さま以外に運ちゃんもいる！皆私に味方してくれてるんだ
これからどうしよう？とりあえず仕事探して占いもやってみたい！
ARRIVAL
AIRPORT
久しぶり！ちょうど日本に帰るとこなの
え？お願いしたい仕事……??
自分自身と向き合い自分のことをよくわかるようになると運も神さまも味方になります

意識改革で神さまたちとつながる

神さまってどこにいるのだろう、と考えたことはありませんか？

私たちにとって神さまという存在は、目には見えず、遥か彼方の遠いところ、もしくは異次元の世界にいる存在でしょうか？

それとも、実は身近に感じられたり、つながることができる存在でしょうか？

私のこれまでの体験からいえば、答えは後者。神さまはいつも、私たちのすぐ近くにいらっしゃいます。そして、その**神さまたちとつながることで、運を育て、鍛えることができるのです。**

私が出会ってきた神さまたちは、63ページのコミックで姿を現した、私のなかにいる「内神さま」と、この後出会っていく外の世界にいる「外神さま」です。それぞれ役割は異なりますが、私たちの幸せを後押ししてくれる神さまたちです。

どちらにもつながるためには、遠い世界ではなく、自分のそばにいる存在として、意識する必要があります。今からお伝えする3つのことを頭に入れながら、ここからの運トレを始めてみてください。

まずひとつ目は、「神さまは身近な存在であり、特別なものではない」ということです。その加護を受けながら日常生活ができている、ということに気づければ、当たり前にある存在として受け入れることができるでしょう。

次に、「神さまとは生まれる前からすでにつながっている」ということ。見えない無数の糸で常につながっている、と意識しましょう。

どうにかしてつながろう、あやかろう、すがろうとすると、すでにある神さまとのつながりを見逃してしまうことになります。やみくもに追い求めないことが、とても大切なのです。

最後に、「神さまとの関係性を他人と比べない」こと。近年のスピリチュアルブームで「私は○○の神とつながっているから特別なんだ」というスピリチュアルエゴ（スピリチュアルな場面で自分の優越性や自分は特別という意識を主張すること）が増えているように思えます。

神さまは、私たち一人ひとりに宿っています。誰かだけが特別で、誰かだけしか守護されないということはありません。ではまず、内神さまのお話から始めましょう。

内神さまとやる！「自分を知る運トレ」

私が内神さまと出会えたのは、コミックでもあった「あなたの戸籍はありません！事件」が起き、本来の自分を見つめ直している頃でした。

幼少期に来日して以来、日本名を与えられて日本人として育ってきた自分が、公的な書類で中国人とされている事実。親に経緯《いきさつ》を聞いて理解したところで、祖国の言葉も話せないという混乱。「私は一体何者なんだ！」と行き詰まってしまったわけです。

落ち込み続けたり、道をそれていくこともできたと思うのですが、私はもっと自分をちゃんと知ろうと考えるようになりました。

結果的に、ここで**意識の切り替えができたことで、内神さまともつながることができ、自分の運命への「気づき」を早めることができた**と思うのです。

本来の自分を直視し、知るという運トレは、楽しいことばかりではないかもしれません。それでも、内なる声に耳を傾け、自分を整えることで、内側にある内在神＝内神さまに気づき、つながることができます。

内神さまのバックアップを得られたら、必ず成長が促されます。そして、どんなことが起き

ても、自分を大切にでき、愛せる心を持てるようになります。

私自身も、内神さまとつながった瞬間、今までそろえたくてもそろわず、バラバラだった運命のピースが、バババババっと一気につながったような気がしました。

それは、「私は私を知り、私を信じ、私に期待をした」という瞬間だったのです。

自分の運命への気づきを得るタイミングは人それぞれです。遅かれ早かれさまざまな人生の切磋琢磨のなかで、いつの間にか訪れるものです。もちろん、気づきのタイミングを人と比べる必要はありませんし、あなたに必要なタイミングでそれは訪れるものです。焦る必要はありません。しかし、長年たくさんの相談を聞いていると、遠回りをしすぎて本来の道に戻るまでに、ものすごく労力がかかってしまったという方も……（これを私は運命のエネルギーロスと名づけています）。

内神さまとのつながりは、運を大きく育めるだけでなく、この運命への気づきを得る近道でもあります。人生100年のなかで魂を成長させ、そしてまた魂の故郷に戻るとしたら、生きているうちに気づきを得るための近道として、できるだけ早く自分を知り、豊かにしたいと思うものです。

自分を知る

運トレ 1

自分の名前の意味を意識して下の名前の出番も増やす

こんな人はすぐ実践!

自分の名前があまり好きじゃない	自分の名前に意味がないと思っている	誰かに下の名前で呼ばれることはほぼない

自分につけられた名前の意味を知ることが運気アップにつながると、知っていましたか？内神さまとつながるためには、自分のアイデンティティと向き合う必要がありますが、そのための運トレとしておすすめなのが、自分の名前の意味を知ることです。先祖から受け継いできた姓と、あなたを表す名の2つについて、親にそれぞれの意味を聞いてみてください。

「こんな想いでつけてくれたんだ」と知ったら、親や先祖に感謝しましょう。

人によっては、ありきたりだし、適当につけられたのだろう、と自分の名を特別なものではないと捉えているかもしれません。それでも漢字一つひとつに意味があるように、あなたの名前も何か意図があってつけられたもののはず。姓名判断の分野では、生まれたときにつけられた名前は、その人の一生涯をも左右するといわれています。そのぐらい力を持ったものと捉えてみてください。

職場や公的な場所では姓で呼ばれることが多いと思いますが、名で呼ばれる機会とのバランスをとるように心がけましょう。姓で呼ばれる機会が多すぎると、あなたの名のエネルギーが弱くなってしまい、体調を崩したり、覇気がなくなったりすることもあります。名で呼んでくれる家族、パートナー、友人といる時間を増やしたり、自分で自分の名を呼んであげてみてくださいね。

自分を知る

運トレ 2

家系図を書いて遺伝した強みを知る

こんな人はすぐ実践!

自分の短所は言えるが長所は思いつかない	親や親戚と会うのは年に数回しかない	自分の先祖にどんな人がいたかあまり知らない

自分の強みを知ることは、運気を育むことにとても関係します。もし今あなたが「自分の強みがわからない」とか、「何に向いているかわからない」と思っているなら、これは最適な運トレです。

やり方は、とっても簡単。まずは74ページに家系図を書いてみましょう。兄弟、姉妹、親、祖父母、さらに曽祖父母、高祖父母。おじおばや、いとこなども書けるといいでしょう。それぞれ、名前、年齢（故人は亡くなった年齢）、職業を書き添えます。誕生日なども有効です。わかる範囲でOKですが、もし可能なら関係する人に聞いてすべて埋めていけると、より発見が多くなるかもしれません。

この運トレは、あなた自身の原点を知る作業です。家系図を見て、特定の職業や分野に携わる人が多ければ、それがあなたの強みといえます。たとえば母方は教師や教授、父方は公務員が多かったとすれば、あなたには教育関係や公的な職業の才能が備わっているということです。家系に専業主婦が多ければ、あなたもまた、専業主婦や子育てに向いているといえるでしょう。家庭の環境は自分の強みに、誕生日や年齢は寿命などに関係しているといえます。この運トレで、自分が受け継いだ強みを知り、人生にも運気にも活かしていきましょう。

家系図を書いて自分の強みを知ろう！

自分の名前、年齢、職業から書き始め、兄弟、親、祖父母……と遡ってそれぞれの情報を埋め、共通点を見つけてみましょう。

※余白を使ってわかる範囲を書き足してもOKです。

父親

名前

年齢　職業

母親

名前

年齢　職業

自分

年齢　職業

兄弟・姉妹

名前

年齢　職業

名前

年齢　職業

曽祖父母

名前

年齢　　職業

名前

年齢　　職業

祖父

名前

年齢　　職業

名前

年齢　　職業

名前

年齢　　職業

祖母

名前

年齢　　職業

名前

年齢　　職業

名前

年齢　　職業

祖父

名前

年齢　　職業

名前

年齢　　職業

名前

年齢　　職業

祖母

名前

年齢　　職業

自分を知る
運トレ 3

幼少期の嫌なこと、好きなことを書き出す

＼ こんな人はすぐ実践！ ／

傷ついたことをずっと根に持っている	人の顔色がどうしても気になってしまう	傷つきたくないと自己防衛をしてしまう

これはあなたの自我が形成された幼少期を思い出すための運トレです。

「あの頃はそう感じていたんだ……」などと振り返りながら、潜在意識の奥に沈めた感情を味わい直すことで、あなた自身を見つめ直し、アイデンティティを確立していく作業です。

まずは幼少期にあった嫌なこと、悲しかったことを紙に書き出します。傷つけられたこと、トラウマ、親から言われて自信をなくしてしまったこと、信じていた人に裏切られたこと、いじめられたことなど、どんなことでもかまいません。

嫌なことを思い出すことは、自分で肯定的に捉えられなかったことを掘り返すこと。人によっては辛いかもしれませんが、潜在意識にほこりのようにたまった傷を思い出して、癒すことが必要です。紙に書き出すだけで癒しになりますが、書いた次の日に読み返し、こんな想いを抱えていたんだと昔の自分を肯定し、抱きしめてあげることをイメージするといいでしょう。

次に、幼少期にあった嬉しかったこと、好きだったことを書き出します。賞状をもらった、親にほめられた、発表会で楽しく演じられた、電車が好きだった、外で遊ぶのが好きだった、ハンバーグが好物だったなど、どんなことでもかまいません。好きなことや嬉しかったことは、温かい気持ちを味わいながら、今の自分と照らし合わせてみるといいでしょう。

Q

あなたが小さい頃にあった
嫌なこと、悲しかったことは
なんですか？

Q

あなたが小さい頃にあった 嬉しかったこと、 好きだったことはなんですか？

…………………………………………………………

…………………………………………………………

…………………………………………………………

…………………………………………………………

…………………………………………………………

…………………………………………………………

…………………………………………………………

…………………………………………………………

…………………………………………………………

自分を知る

運トレ 4

3つの方法で親からの呪縛を解く!

こんな人はすぐ実践!

親と会うのがおっくうに感じる	親と疎遠で距離を置いている	親に対してずっと言いたいことがある

開運のためには、人間関係を放ったらかしにせずに向き合っていく必要があります。とりわけ先祖や親など、血縁者との不和解消は優先的に取り組むべき運トレです。

もし、昔から親子関係が良くなく、「自分がこうなったのは親のせいだ！」と恨めしく思っていたとしても、大人になって経済的に親離れをしたならば、その呪縛からも解放されなければなりません。

そうしないと、どんどん疎遠になり、恨みの対象となり、親を許せない存在として放置することになってしまい、大きな運の障害となるのです。

親は、生まれて初めて関係する最初の人間であり、影響はとても大きいもの。子どもから見ると親は自分の見本であり、完璧を求めてしまう存在です。自分の思っている親像と実際の親が違っていたりすると、その矛盾に葛藤が生まれたりもします。

また、親に教えられたこと、言われたことは大人になっても根強く潜在意識に定着しています。ポジティブなものならOKですが、もしネガティブなものを受け取っていたら、あなたの可能性を縛るものとなって幸運を遠ざけてしまうでしょう。

まず、親などの血縁者と向き合い、次に自分と向き合い、そして他者と向き合う。この順番で、開運の速度が上がります。自分と向き合えていても、親との確執があったり、他者との向き合いを重要視して自分をないがしろにしていては、開運はできません。
流れを踏まえて、開運しましょう。
親からの呪縛を浄化する方法は3つあります。1から順にトライしてみてください。

1、「信頼できる親しい友人と、気持ちや体験を共有する」

あなたが心を許して話せる友人に、親をどんなふうに思っているか、過去にあった親からの干渉やトラウマなどを話してみましょう。もしかしたら、「実は私も……」と友人も話してくれるかもしれません。

親との確執がまったくない人は、実のところ少ないと思います。その点に気がつくと、「私だけじゃないんだ」とわかり、安心感が生まれて客観的に親との関係を見つけられるでしょう。

2、「親との関係を修復し、呪縛から解放された人の話を聞く」

あなたと似ている境遇のなかで、親との確執を解決し、成功している人の講演会に行ってみたり、本を読んだりしましょう。乗り越えた人の話を参考にしてみるのです。親子関係の問題は一人で抱え込むと良くありません。呪縛から解放された人の体験談に学ぶことで、広い視野とノウハウを持つことができ、あなたの問題を解決するためのヒントが見えてくるはずです。

3、「親と向き合い、想いを伝える」

勇気がいることですが、1、2の方法を実践してきた人は、ぜひ実践してもらいたいと思います。

親に謝罪をしてもらいたいとか、許すなどといった結果を求めるのではなく、まずは当時あなたがどういう気持ちだったのか、どのように傷ついたのかということを伝えることが大切です。面と向かって話すのが難しい場合は、手紙などでもかまいません。その結果、親の返答がどのようなものだったとしても、あなた自身が思いをため込まずに解放し、打ち明けることが開運に近づく大きな一歩となります。

親との関係に向き合えたら、次は自分と向き合い、その次に親以外の他者と向き合っていきましょう。

呪縛の浄化のタイミングは人それぞれですが、最後の3は確執が強烈な場合は、無理をする必要はありません。時間とともに1や2で消化していきましょう。

自分を知る

運トレ 5

4分類の整理法で運気に意思表示をする

こんな人はすぐ実践!

好き嫌いが激しすぎる	優柔不断で決断力に欠ける	何でも手を出して、何も達成できない

あなたは自分は何が好きで、何がしたいか、30秒で言えますか？　運気や神さまたちに後押ししてもらうためには、自分の気持ちや、意思をはっきりと彼らに示すことが大切です。神さまたちに聞いてもらえるよう、自分の好きなこと、嫌いなこと、得意なこと、不得意なことを明らかにしてみましょう。

よく「好きなことを仕事にして生きていきたい」とご相談をいただきますが、「好き＝得意で向いている」、ではないことがあります。自分を育み、運を育むためには、それを知ることが重要です。

まずは、「好きなこと」「嫌いなこと」「得意なこと」「苦手なこと」の、4分類に当てはまることを86ページにできるだけ書いてみましょう。仕事のこと趣味のこと、誰かとの関係性、内容はなんでもかまいません。思いつくままにピックアップしてみてください。

次に、冷静に書き出したものを見つめましょう。つまりは自分を見つめるという作業です。生きていれば、嫌いでも不得意でもやらないといけない状況がありますよね。でも、最初からこの4分類を自分で把握しておき、あらゆる場面の出来事を4分類に当てはめながら、しっかりと意思表示をしていくと、自然と運が開けてきます。

1 好きなことは何ですか?

例）読書、映画、焼肉、ゲーム、旅行、マンガなど

2 嫌いなことは何ですか?

例）嘘、重労働、自慢する人、残業、わがままな人など

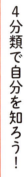

3 得意なことは何ですか？

例）裁縫、人の話を聞く、スポーツ、料理、絵、おいしいものを作ることなど

4 苦手なことは何ですか？

例）虫、集中する、片づけ、対人関係、パソコン、料理など

自分を知る

運トレ 6

運気も映る!?
常に鏡で自分を見る

こんな人はすぐ実践!

部屋に鏡がない	自分の体調に興味がない	身だしなみに興味がない

内神さまとつながるには、自分そのものと向き合うことが大切です。そのために一番簡単な方法は、鏡を通して自分を観察すること。鏡は正直に私たちの姿形を映し出します。体調が悪ければ顔色に出ますし、元気であれば活気に満ちた自分が映ります。自分の調子を知るバロメーターとして、そして内神さまと向き合える媒体として、鏡を次のように利用していきましょう。

まずは鏡の数を増やしましょう。お風呂や洗面所の鏡のほかに、壁掛けの鏡、姿見やドレッサーを部屋に置き、コンパクトな鏡を持ち歩きましょう。鏡に自分を映す機会が多ければ、もっとあなた自身を知ることができますし、自己愛の育成にも有効です。また、鏡のように反射するものは邪気祓いとしてもおすすめできますよ。

次に、鏡を見て自分のチャームポイントとコンプレックスポイントを観察し、ヘアスタイルやメイクを工夫して自分をどんどん魅力的にしていきましょう。

注意点は、合わせ鏡を避けること。鏡と鏡を対面に合わせると霊道や魔道ができて、とてもリスクの高い状態になってしまいます。テレビやガラス面風仕上げの家具なども同じ作用があるので、その対向に鏡は置かずに、できるだけずらして設置しましょう。窓ガラスは影響しないと考えてＯＫです。

自分を知る

運トレ 7

開運フォトセラピー①
プロに魅力を引き出してもらう

こんな人はすぐ実践!

普段と違う自分に気後れしてしまう	自分をほめることが苦手	人の悪い所に目が行きがち

内神さまに気づいてつながっていくには自己愛を高めていく作業が必要になりますが、自分で自分をほめることはなかなか難しいものです。そこでおすすめなのが、プロにヘアメイクをしてもらい、写真を撮ってもらうこと。プロの技術を駆使して撮影してもらったら、写真を客観的に見てみましょう。そこには、いつもより魅力にあふれた自分がいるはずです。

新しい自分の魅力を知ることができ、コンプレックスポイントをケアしようという意欲も湧いてくるこの撮影を、私は「フォトセラピー」と名づけています。撮影を通して癒され、もっと進化するぞという前向きな意欲を持って生活し、また撮影してもらい、成長した自分を楽しむという循環を作るのもいいでしょう。

フォトセラピーをより効果的にするために大切なのは、プロの撮影技術、ヘアメイク技術、画像加工技術を余すところなく受け取って楽しみ、「これも私の姿のうちのひとつ」と受け止めること。

プロに撮影してもらった写真は非日常のヘアメイク、ライティング、ポーズですから、普段のスナップ写真とは大違いです。「あれ？ 詐欺写真じゃないの？ 実物と違うんじゃない？」なんて声が聞こえてきても、気にしないこと。そういうことを言う人は自分自身にコンプレックスがあるので、人の良い変化に嫉妬してしまうのです。

自分を知る

運トレ 8

開運フォトセラピー②
SNSで堂々と自分を発信する

こんな人はすぐ実践！

自分を卑下してしまう	言い訳をしてしまいがち	他人をほめることが苦手

フォトセラピーを楽しむためのポイントはほかにもあります。

ひとつは、SNSにアップしたり、自分のブログやHPに載せるときに「自分の素材を活かしてもらいました」とか、「笑顔を引き出してもらいました」と言って、堂々と載せること。かしこまった写真はどうしても照れくさいですし、誰かにからかわれるのも怖いので、「柄にもない写真ですが……」「似合っていないのはわかっていますが……」などと自分を卑下してしまいがちです。「カメラマンとヘアメイクの腕が良くて」と書く人もいますが、もとの素材が良くなければ、プロだってその素材を活かすことはできないのです。自分を否定する言葉を使わないようにすると、自然と良運が引き寄せられます。

もうひとつのポイントは、ほかの人の写真を積極的にほめること。友人の素敵なプロフィール写真や自撮り写真を見かけたら、「素敵」「きれいだね」などと、どんどん伝えましょう。もし、写真を見てどこか鼻につく感じがしたり、素直に賞賛できない場合は、あなた自身が自分のコンプレックスばかりを見ていて、自分を受け入れることができていない状態です。自分を認められない人は相手を否定しがちですが、自分を認めている人は、他人の素晴らしさを素直に受け入れ、賞賛することができます。自分も他人も認めることで、いいもの、美しいものをほめ合える関係を築きましょう。

内神さまとやる！「感情の運トレ」

自分を明らかにしたことで、新たな感情が芽生えてきたり、自分がどんな感情を持っていたか、大切にしていたか、逆に無視していたか、持ちやすいか、などもわかってきたのではないでしょうか。そんななかで、モヤモヤするような感情も出てきたはずです。

「親戚みんな優秀なのに、なんで私だけパッとしないの？」

「私ってお母さんから結構ひどいこと言われて傷ついていたんだな……」

「最近自分が好きなこと、全然できてない」

「あの同僚と話すの、実は苦手なんだな。何でだろう？」

自分で驚いてしまうような感情を、発見できた人もいるかもしれません。

私たちは毎日、瞬間ごとにいろいろな感情をめぐらせています。その感情は、意思となり、習慣となり、運をめぐらせるものとなります。ネガティブ感情の持ち主とポジティブ感情の持ち主では、どちらの人間に良いことが舞い込みそうでしょうか？　神さまたちは、どちらの人間に味方するでしょう？

答えは明確ですね。モヤモヤしたり、メソメソしたり、イライラしたりしている人には、誰も近寄りたくありません。運や神さまも同じです。ネガティブな感情をためこんでいると、運をつかめず、成長できずにより運に嫌われてしまいます。

反対に、ポジティブな感情でいられれば、あらゆることに前向きに取り組むことができ、運が活性化していきます。自分のことも他人のことも肯定でき、与えられたチャンスをしっかり活かせるでしょう。

70ページからご紹介してきた「自分を知る運トレ」は、自分の感情を目の前に出して並べてみるような作業です。そして、これからお伝えする「感情の運トレ」は、感情の取り扱い説明書のようなもの。ネガティブな感情を押し殺してなくしてしまいましょう、ということではなく、取り扱いさえ注意すれば大丈夫。むしろ、上手に取り扱うことで、運気アップのきっかけにできます！という運トレです。

自然にあふれ出す心の動きは、とても尊いものです。それをより良い方向へ自分でコントロールできるようになると、内神さまとの絆もぐっと強まり、運も育まれます。

感情の

運トレ 1

マイナス感情は持ってもOK
ためる前に解放しよう

こんな人はすぐ実践！

いつも自分の感情を抑えがち	喜怒哀楽を表現するのがヘタ	忙しすぎて自分の時間がない

感情の整理整頓を行うことで運はどんどん育まれます。

私たちが日々感じるさまざまな感情は、ポジティブな感情ばかりではありません。「毎日がつまらない」「ついていない、運が悪い」「周りは良い方向に変化しているのに、私は何も変わっていない」など、マイナスの感情を抱くこともあります。このマイナスの感情を誰にも表現できず、モヤモヤしていませんか？　こうした感情はある種の呪縛のようにあなたの開運を妨げるものです。一刻も早く解放してしまいましょう。

マイナスの感情は、人に吐き出してみると思考と感情の整理になります。人に打ち明けるのが難しい場合は、紙に書き出すのもおすすめです。

まずは、模様や罫が入っていない白い紙を数枚用意し、黒いペンで「自分が周囲からどう思われたいか」を書きます。次に、赤いペンで「実際に周囲は自分のことをどう思っているか」を、よく人に言われることなどを参考に、もう思いつかない！というところまで書ききります。翌日にもう一度その紙を開き、黒字と赤字のギャップがどれくらいあるのかを見て、青いペンでこのギャップを埋めるための行動を書き込むと、マイナス感情から解放され、ポジティブな意識も生まれてくるでしょう。そして、最後は必ず「こんな感情を持つことができる自分」を卑下しないで、愛おしく思うようにしましょう。

感情の
運トレ ②

誰か、何かへの執着や依存は迷わず手放す

＼ こんな人はすぐ実践！ ／

思い通りいかないと許せない	「こんなにやってあげてるのに」とよく思う	人との距離感をつかむのがヘタ

何かに執着や依存をすると、そちらに意識をとられがちになり、運をつかむチャンスを逃してしまいます。執着や依存は誰でも経験したことのある考え方のくせです。執着は思い通りにいかない何かに固執することで、依存は自分で考える力をなくし、人に決めてもらおうとして意思が弱くなっている状態です。

執着や依存から抜け出し、不運を手放すためには、「答えは外にはなく、自分のなかにある」と意識すること。外に求めるから、外に期待するから、外の誰かと理解し合いたいと思うから執着と依存が高まってしまうのです。あなた自身に期待してみましょう。

ポジティブに見えても、実はネガティブな感情をスルーしているだけだったり、都合のいい意見しか聞かない人、人との距離感がつかめない人は要注意です。良いことばかりを思い込む人は「この人が運命の人だ」「前世からのご縁に違いない」などと思いがちですが、「間違いない」という断定の思考が執着や依存を生み出し、思考を凝り固めてしまいます。「そうかもしれない」「そうなるかもしれない」「そうだったらいいな」というように、思考に余白を残しておくと良いでしょう。人との距離感がつかめない人は、相手の領域に踏み込みすぎたり、嫌がられていることに気づかず、執着や依存につながる傾向があります。ほどほどの付き合いを心がけましょう。

感情の

運トレ ❸

人をコントロールせず、自分をコントロールする

こんな人はすぐ実践!

自分に同意をしてくれない人は排除しがち	つい過剰に自分を良く魅せようとする	人の批判が口から出やすい

人をコントロールしようとすると運の低下につながり、自分をコントロールすると運の上昇につながります。これは一体どういうことなのでしょう？

人をコントロールしたい、相手を自分の思い通りにしたいというのは、支配欲と承認欲求です。自分の意見が正しい、自分は間違っていない、相手に自分の意見を認めさせたいという意思が強すぎると、他人の意見や助言を聞けなくなります。そうすると視野が狭まり、良い運を運んでくる流れも狭くなって、運が息苦しくなってしまうのです。

過去に頑張ってもほめられなかったり、いつも人と比べられていたり、「役に立たない」「どんくさい」などと自分の存在意義を否定されたことで傷ついたり、優等生だったのに劣等生へ転落した経験があったりすると、支配欲と承認欲求が強くなる傾向があるようです。

コントロールすべきは人ではなく、自分自身です。自分で自分を承認できるようになると、自信がつき、自分を愛せるようになります。

まずは結果よりも、過程でどのような努力をして来たかを振り返り、頑張った自分をほめるようにしてみましょう。自分をほめることをくり返していくと支配欲や承認欲求は解消されていき、運も好転。いつのまにか、誰かがあなたを評価してくれるようにもなっているはずです。

感情の

運トレ 4

ポジティブな気持ちで運を上手に進化させる

こんな人はすぐ実践!

ポジティブな人が信じられない	自分を責め続けてしまう	周囲がネガティブで自分も感染中だ

感情は運をコントロールしている大事な要素です。感情は人間を豊かにしますが、ときには取り返しのつかない行動も引き起こします。人間は基本的に進化し続ける生き物ですが、後退したり、退化したりするときもまた、感情が邪魔している場合が多いのです。感情をコントロールできれば、運も人も自然と進化していきます。いつも笑顔で前向きで明るく、ポジティブな感情を持てる人には良運が舞い込みます。

ポジティブになるためには、まず物事の捉え方を変えること。たとえば上司から怒られたら、「私ってダメ人間」「あぁ最悪」などと思いがちですが、ポジティブ思考の人は「叱られるってことは期待されている」「叱るほうも大変なのに、ありがたい」と変換します。

いつもポジティブな人のそばにいるようにして、その考え方を学ぶのもおすすめ。ポジティブな人はフットワークが軽いのが特徴です。自分一人でも時間を有効に使いますが、誰かに誘われたらできるだけ出向こうと積極的に動きます。出かけて体を動かすので、脳も活性化され、いつも元気で明るい印象です。インドア派の人も、出かける機会を無理しない程度に増やしてみましょう。もし周囲にお手本となるような人がいなければ、ポジティブで運の良さそうな人の講演会やイベントに参加し、新しい世界を体験して視野を広げて心をワクワクさせてあげましょう。

COLUMN

誰にでも訪れる人生の転機年齢とは？

人生には転機がつきもの。10年で15000人以上の鑑定をしてきましたが、ある一定の時期や年齢になると悩みが募りやすく、不安になりやすいことがわかってきました。

私の統計をもとにした転機のサイクルは、大きく「12年サイクル」か「9年サイクル」が基本。さらに短い周期で見ると「3年サイクル」となります。

これは、だいたい3年程度で対人関係や仕事での変化を感じる人が多いということ。種をまいて、芽が出て、花が咲いて……、3年ほどでひとつのことを始めて続けてみた結果が出るようです。

12年サイクルのなかではおおよそ4回の転機があり、9年サイクルのなかではおおよそ3回の転機があります。これをくり返していくと、だいたい寿命がつきるまでに、人生には多くて30回ほど転機が訪れる計算になります。

このように私のとった統計からでも、だいたいの転機のタイミングは読み取っていけるのですが、さらに私が発見した「転機年齢」というものがあります。

これは転機が訪れる年齢を表すもので、実は幼少期から成人まではかなり細かく転機が訪れます。左の転機年齢表を参考に、今自分にどういう転機が訪れているのかをチェックしてみてください。

転機年齢表

～20歳まで～

3～5歳	自我の芽生えや環境の変化を味わう人が多い。
7～9歳	集団生活が始まり、対人関係での喜怒哀楽を学ぶなかで成長や刺激を味わう。
11～13歳	体の変化や成長、性の意識などが芽生え、心身共に自我の形成につながる。自分の未来や将来を主体的に考え始める時期。
15～17歳	社会との関わりも増え、自我はほぼ完成する。パートナーシップを経験することで軸ができてくる。
19～20歳	大人と子どもの境目。自分の変化を感じる人が多い時期。

※ 20歳までの偶数年というのは、葛藤や学びが多い時期で、奇数に収穫期が多いことを研究していて感じます。

～20歳以上～

22歳前後	自分対社会、自分対地球と視野が広がっていく人もいれば、目の前のコミュニティーで生きることに精一杯の人も。自分の未来に対して不安を大きく持ち始める。
25～27歳	30歳を目前に「このままで自分はいいのか」と考え出すことが増えてくる。
29～30歳	今一度自分の人生を振り返り、今後どうしていくかを見直す時期。
32～33歳	30代一番最初の葛藤期。これを越えると大きな収穫がある人もかなりいる。人によってはここから逆に悪いことが続くようになったという人も……。
36～38歳	40代目前にして、「またこれでいいのだろうか」「このままでどうなのか」という自問自答が増える。もちろんこれも次のステップのための葛藤期。
42歳	心身の疲れが抜けない、自分の力ではどうにもできないことが世のなかにはあることを自覚していきながら、また成長をする。20代、30代とコツコツ頑張ってきた人はこの時期を境に栄えていく人がいる。

48歳、52歳、58歳、62歳、68歳、72歳、82歳と、40代からは数字の最後に「2」か「8」がつくときに転機が訪れることが多くあるようです。

3

FORTUNE

外神さまとも つながり 神運体質に！

内神さまとつながることができれば、運は加速中。ここからは、「外神さま」とつながることで、さらに運を鍛えていきましょう。内と外の両方の神さまとつながれば、お金も成功も夢も人も、願えば引き寄せられる「神運体質」に。運を開き、育み、その運をより強いものにするのは、実はとっても簡単なことです。運気のコントロールは、もう目の前です。

BEFORE

神さまって遠い存在。祈っても、願っても無意味なんじゃない？

AFTER

**神さまは
すぐそばにいる存在。
だから運命を
思いっきり生きよう！**

ゆうはんの
開運人生③
運命の
キーパーソンとの
出会いで
運が成長！
帰国後、再就職した私は
平日はOL
カタカタ
週末だけ占い師をすることに！
占い
できるよね？
電話占い
やらない？
二足のわらじ生活は
忙しくも
楽しいものでした
どんなお悩みですか？
数ヶ月経つと口コミで
人気が広がり……
とうとう会社を
辞めることに
ただいま
親はちゃんと会社で
働いてほしいんだろ
うな。占い師なんて
言えない……
また
運の障害を
作っちゃうよ
日本舞踊
一緒に
習わない？
奉納舞いをしている
先生なの！
そんなとき
さらに転機が
訪れます
奉納舞い？？

こんにちは、
よろしくお願いします！
この出会いが神さまと私との距離を近づけました
ここはこんなパワーがあるのよ
へ〜勉強になります！
一人でも神社めぐりやパワースポットめぐりをするように
自分のなかでそれまでとは意識が変わり始めた頃……
のちに心の師匠となる久高島の神人（神職）に出会ったのです
だ、誰ですか？
あなたには、神さまがついてるねぇ
え？なになに……
あなたは久高島《くだかじま》へ行かなくてはならないよ
……は、はい。そうしてみます
出番かの…？

in 久高島
（沖縄県）
おじい 質問してもいい？
神さまに祈っても お金は降ってこないし 恋人もできるわけないのに なぜ人は神さまを上にみて お願いをするのかな？
久高島には 神も人も同じ空間で 楽しむという考えが あるんじゃよ
神が上、人が下 という境目なんて ないんだ。そこに 気がつけるかが 大切じゃ
ワイワイ
ピーーーーン！
私は、私の なかにいる 内神さまと そばにいる 外神さまに 見守られて いたんだ
そっか そうなんだ…
そうなんです
あるときはアマテラス あるときは菩薩、精霊や 龍神などいろいろな形で あなたの前に現れている 神さまだよ
また？ 誰なの？
【外神】 自分のなかにいる 内神さま以外の神

それからの私はとても生きやすくなり、運のめぐりも絶好調になっていきました
みんな乗り込んだかな？ では、これでさらに運気アップをしていこう!!
運気UP号
掃除をしたり…
お参りしたり…
WEDDING
WORK
講演会にメディア出演に出版に大活躍
仕事も家庭もうまくいっている私でも変わらず続けていることが……
それは開運トレーニング略して運トレ！
開運への方法は運トレをやることだよ
学びを深めたり…

スピリチュアルは特別なものではなく、皆に平等に与えられた能力

ここまでお伝えしてきて、「私は霊感もないし、目に見えないものと話せるわけでもない。スピリチュアルな能力なんてないからうまくいかないんじゃ……」なんて思っている方もいるでしょう。しかしこれは、ご自身の「スピリチュアルな能力」について、勘違いをされている典型的な言葉。同じように疑問を持たれる方も多いため、ここで少しスピリチュアルについてお話ししたいと思います。

そもそも、スピリチュアルの語源はラテン語の「スピリタス」です。意味は「息、呼吸、魂、気」など、私たちに備わっている「呼吸や気」や「精神世界」を表します。

人は常に呼吸をしていますし、気を放っています。そして、精神世界をそれぞれ持っているものです。

つまり**「目に見えないものとの対話ができないから、霊が見えないから、スピリチュアル能力がない」というわけではありません**。私たち一人ひとりが生まれながらにスピリチュアルな

存在であり、その能力は生命維持に必要不可欠なものといえます。

「え？呼吸がスピリチュアル？」と思われるかもしれませんが、呼吸のような、ごくごく当たり前のものこそスピリチュアルなのです。どうしても「特別なもの」と捉えてしまう人が多いのですが、たとえば、次のようなことがスピリチュアルなことだと私は考えます。

・呼吸をする、息をする（健康に気をつかう）
・気を高める（意識をポジティブに持っていく）
・精神世界を極める（自分を極め、他者との交流でさらに極める）
・どんなことがあっても日常を楽しむ（喜怒哀楽を他者と共有する）
・ご飯を食べて、寝て、仕事をしてという生活をする（社会と関わりながら日常生活を送る）

あなたにもその能力は生まれつき備わっているけれど、その触覚が必要とされないと退化していく、ただそれだけのことです。もともと備わっている能力は、鍛えて上手にコントロールできるようになります。**私たちそのものがスピリチュアルな存在なのです**。そのことを自覚し、運トレをしていけば、内神さま、外神さまもあなたを見守ってくれるでしょう。

外神さまとやる！「神運体質になる運トレ」

外神さまは、皆さんもよく知っている神さまたちです。

たとえば、太陽、星、山、海、木に宿る精霊などの自然精霊神、妖精や天使などの羽をもった精霊神、蛇神や龍神など動物が神格化された精霊神、神話の神々や仏教の神々も当てはまります。中国は多民族国家なので、少数民族ごとに神話信仰があり、それぞれの神さまがいます。

私の祖先の信仰は豚、犬、狼、カササギなどの動物を神格化したり、龍神、鳳凰《ほうおう》、柳の葉の精霊、仙女、天女、北斗七星、そして白頭山というシャーマニズムを原型にした精霊崇拝がベースです。仏教が伝わってきた後は、自分たちを文殊菩薩の化身として重ねたりと、信仰も変化していったそうです。

私は、自分のなかにいる内神さま以外の神さまを、すべて外神さまと呼んでいます。

内神さまと出会い、つながるには、自分を知ることや感情のコントロールがカギでしたが、外神さまたちに出会うためには、どうすればいいのでしょう？

それは、自分と合うご神域に足を運び、ご神気をいただくことです。ご神気やお守り、神札などを授かり、パワーチャージしていくなかで、自然と外神さまの存在を感じられるようになります。

そしてもうひとつ。それは、外神さまを近くにいるものとイメージすることが大切。

コミックにも登場した、久高島の神人《かみんちゅ》のおじいに、私は素朴な疑問を投げかけました。

「神社で祈っても、神さまにお願いをしても、空からお金は降ってこないし、恋人は現れないし、死んだ人は生き返らないよね。なのに、どうして人は神さまを天上人のように上に見て、いつもお願い事をするんだろう？」。まるで子どもがするような質問でしたが、おじいは笑いながら、「久高島にはね『神人和楽』という言葉があってね。神も人も、同じ空間で一緒になって楽しむという考えがある。つまり、神が上とか、人が下とか、そんな境目はないということに気づきを得ることが大事なんだよ」と言いました。

それは、私が学びを得る大きなヒントでした。つまり、神さまを、上に求めれば求めるほど、神さまの存在には気づけないということです。

本当の神は、当たり前のように、私たちのそばにずっといるものなのです。

神運体質になる

運トレ 1

エネルギーの塊
ご神気を受け取る！

こんな人はすぐ実践！

パワースポットに 行っても運気が悪い	気なんてないと 思っている	今まで 気を感じたことがない

「気」にはさまざまな種類がありますが、「ご神気」はそのなかでも書いて字のごとく「神の気」です。神社やパワースポットと呼ばれているところで、このご神気を感じる機会はかなりあるのではないでしょうか。

そもそも「気」とは、目に見えないけれどその物体から醸し出されているパワー、エネルギーやオーラです。人間に「気」があるように、万物すべてに「気」は存在していて、この「気」の研究は中国で長く行われてきました。龍から放たれる気や、仏像を取り巻くオーラなどを絵で表現したものが残っています。

ご神気を感じ、受け取ることでパワーをチャージすることができるので、ご神気の気配には敏感になっておきたいものです。そこでここからは、「これがご神気だ！」とわかるサインを紹介していきます。

わかりやすいご神気のサインとして、「鳥肌が立つ」という現象を説明しましょう。これまでに神社やパワースポットで身震いしたり、ぶわっと鳥肌が立った経験はありませんか？これは、その場に帯びているご神気が、あなたの気に触れたときに起こります。反対にご霊気という気もありますが、こちらはひんやりと冷たく、ぞっとするような身震いが起きます。身震いは吉凶混合なので「嫌だな」と感じたら邪気祓いをしてもらうと安心です。

また、参拝をしていたら曇り空が晴れてきた、逆に晴れていたのに天気が崩れてきたなど、天候の変化もご神気のサインです。急に変化することがあれば、万物のご神気が歓迎している証。心のなかで感謝すると良いでしょう。

手を合わせただけで自然と涙が出てきたり、参拝後に気持ちが晴れ晴れして心が軽くなっているなどの感受性の変化を大きく感じた場合は、ご神気があなたの気にまとわりつく邪気を祓い、整えてくださったということです。

ほかにも、頭痛がする、高熱が出るなど、少し心配になってしまうようなご神気のサインもありますが、これはデトックス作用によるものです。ケロッと治ってしまう程度であれば、ご神気が悪いものを祓ってくださったのだと思いましょう。

頭痛や高熱が続く場合は、ご霊気が紛れている可能性があります。その場合は、訪れた場所と相性が合わなかったということ。また、敏感な人は耳鳴りやめまいなど、五感に対してご神気の影響を感じることがあります。こちらも、体調が悪くならなければ問題ありません。

ご神気のサインを受け取ることができる場所は、自分にとって相性の良い神社やパワースポット。相性が悪いと感じたら深追いせず、自分に合う場所を見極めていきましょう。

その他のご神気のサイン

- どこからともなく突風がふいてくる
- 樹々がざわつき、さっきまでの空気と一変している
- 蝶々や鳥などの飛ぶ動物が、あなたの近くにくる
- ご神気に触れた後にラッキーなことがある
- 人によく声をかけられたり話しかけられるようになった
- 肌艶、目が活き活きしていると自覚がある

神運体質になる

運トレ❷

神の領域ご神域を正しく歩いて運を呼ぶ！

こんな人はすぐ実践！

- 鳥居をくぐるときに礼をしない
- 神社ごとの参拝方法を守らない
- 本殿のみでお参りを終えてしまう

ご神域とは「神の領域」のこと。聖域、サンクチュアリ、祭壇などの表現をすると、さらにわかりやすいでしょうか。ご神域とはこのように、神さまが鎮座する領域を表します。そこには「ご神体」が祀られ、沢山の人々が救いを求めにやってきます。昨今流行っている「パワースポット」はまさにご神域であるといえます。

外神さまとつながるためには、ご神域に立ち入る際の作法を間違えないようにしましょう。ご神域を正しく歩くことで外神さまに歓迎され、運をより強くしてもらえるのです。

ご神域の範囲はさまざまです。まず私たち人間が作り出せないものはすべて神の領域、ご神域です。空、海、山など自然物はその代表例です。

ご神域が神さまが鎮座する領域であると考えると、地球も太陽系もそして宇宙全体もすべて、大きな意味ではご神域であるといえます。

神社仏閣や教会などにはご神体があり、それを祀る祭壇があり、それらを取り囲む御殿、御宮などの建物があります。これらももちろんご神域です。「ご神域に入らせていただくのだ」という意識を持ち、正しい作法を守って進み、ご神域を楽しむことで、住まわれている外神さまから愛されるようになっていくでしょう。

ここからは、ご神域の正しい歩き方をご紹介しましょう。神社を例にとって説明していきます。

まずは鳥居です。鳥居は神さまの家の門にあたります。鳥居をくぐるときは一礼をしてから入りましょう。私たちが普段挨拶なしに、勝手に人の家に入らないのと同じですね。

その次は参道の歩き方です。参道の真ん中を避けて通ってくださいという看板がない限りは、ご神域の気が満ちている真ん中を通りましょう。真ん中は神さまの通り道だから、人は歩いてはいけないと聞いたことがある人もいると思いますが、参道の中心に気が満ちているので、ご神気を受け取るためには真ん中がおすすめです。敷石が敷いてあるところは「通っていいですよ」という意味で、砂利が敷いてあるところは音で邪を祓い、身を清めてもらえます。音を鳴らして通りましょう。

参拝方法は、神社ごとの手順に従います。手を合わせて祈るときは、「祈り＝イノリ＝意のり＝意識が乗る」と捉えてみてください。祈りは祝詞《のりと》の「ノリ」とも連動しているため、「祈ること＝祝詞」でもあります。ご神域に感謝し、それから祈願や祈祷《きとう》をしましょう。

神社には本殿や奥殿以外にも、摂社、末社など、私たちを癒してくれるご神域があります。神さまのテーマパークを回ると思って、存分に楽しんでみましょう。

❶鳥居をくぐるときは、一礼をする。

❷参道の真ん中を歩く。砂利が敷いてあれば、音を鳴らして通る。

❸その神社に合った参拝をする。

❹本殿だけではなく、摂社、末社なども見て回る。

神運体質になる
運トレ 3

お守りや神札は運強化のための必須アイテム

こんな人はすぐ実践！

ご神域でお守りや神札を授からない	お礼参りに行かない	ボロボロのお守りを持っている

ご神気を感じ、ご神域を楽しんだら最後はご祈祷やお守り、神札などを授かりましょう。自分のためのものにプラスして、お友達の安産祈願、家族の合格お守りなど、誰かのためのものを授かるとさらに良いでしょう。

授かる際には、いくつかのポイントがあります。本来は昇殿して参拝し、神札を授かるのが良いのですが、時間や金銭的な事情で難しい場合は無理をする必要はありません。参拝をした後に、お守り、絵馬、おみくじなど、どれでもいいので直感で選んで授かりましょう。授かったら必ず声に出して「ありがとうございます」と巫女さんや神職さんに感謝の言葉を述べます。その言葉は自分にも跳ね返ってくるものです。

帰宅したら、神棚がある人は授かったものを神棚に飾ります。その後、お守りなど身につけるものはバッグやお財布、お守り袋などに入れて持ち歩きます。願いが叶った際はできるだけお礼参りをして、授かったものをお返しし、また新しく授かって新しく祈願をしましょう。このくり返しの積み重ねが外神さまとのご縁を深めます。

もし授かったものが壊れたり無くなったりしたら、神さまに見放されたのではなく「身代わりになってくれたのだ」と受け取りましょう。壊れたものは、神社のお祓い箱に納めましょう。気になる方は、再度授かりに行くのも良いでしょう。

神運体質になる
運トレ 4

内神さまとよりつながる！
神社仏閣での願い方

こんな人はすぐ実践！

お願い事をしてしまってはいけないと思っている	神さまがどうにかしてくれると本気で思っている	自己流のやり方で参拝している

内神さまとのつながりを強める参拝の方法があります。願いを「自分への宣誓」のように述べましょう。これにより、内神さまとつながりながら運気を上げていくことができます。よく「神社仏閣ではお願い事をしてはいけない」とか、「感謝だけを述べるべきである」といわれます。もちろん、感謝の意を述べることは正しい姿勢ですが、それに加えてお願いをしても良いと私は考えています。

参拝はそれぞれの神社仏閣に沿った方法で行います。そして、手を合わせた際にまずは感謝を述べましょう。その次に、お願い事を神さまにではなく自分に宣誓をするように、「今年は◯◯が成就する！」などと言い切ります。すると、参拝するあなたの前にある神鏡に自分のお願いが反射し、自分に跳ね返ってきます。つまりは神鏡を通して自分のなかの内神さまに願っていることになるのです。

混んでいなければ、手を合わせた際に住所、生年月日、名前を唱えることも良いでしょう。神さまに対して、自分がどこの誰なのかがさらに明確になります。お願い事はできるだけ詳細に設定しましょう。そしてお願い事を宣誓した後に、「このお願いを叶えるために、◯◯と◯◯を今年は努力し、挑戦します！」と願いを叶えていくための努力や挑戦方法まで述べられると、より一層強い宣誓となるでしょう。

神運体質になる
運トレ 5

外神さまとよりつながる!
神社仏閣での祈り方

こんな人はすぐ実践!

身だしなみを気にせず参拝しに行く	つい恨み節のように念じてしまう	誰かのため、何かのためにばかり祈ってしまう

外神さまとよりつながるためには、神社仏閣へ行く前に禊《みそぎ》やお清めを行うといいでしょう。「気」や身だしなみを整えていくのは礼儀です。参拝に行く前日の夜にはシャワーだけですまさず、必ずお風呂につかること。自宅のお風呂であれば清酒大さじ3杯と粗塩3つまみをお湯によく溶かしてからつかりましょう（清めたお湯は追い焚きなどで継続的に使わずに捨てます）。爪をきれいに整え、できる範囲で除毛し、当日着用する服はセミカジュアルに、そしてできれば新品のアイテムをどこかに取り入れましょう。また、地域によっては生理中は不浄だから参拝してはいけないとされていますが、私の捉え方では参拝しても問題はありません。それは人が決めたことであり、神が決めたことではないと考えるからです。

「祈り」と「お願い」は違います。お願いは先ほど述べたように懇願や宣誓に近いもので、内神さまと連動しますが、祈りは自分以外の他者、もっと広くいえば地球のために行うものとして外神さまと連動します。さらに、先ほどのお願いと同様、神鏡はあなたを映し出して祈りを跳ね返しますから、祈ればその祈りは自分にも返ってくることになります。自分に祈ることで、外神さまと内神さまとの一体感にもつながっていくのです。

手を合わせるときは、心臓の前で合わせます。心には神が宿るという言葉が古くからありますが、心臓はあなたの命を生かす存在ということを意識して参拝しましょう。

神運体質になる
運トレ 6

悪運から守ってくれる お清め袋とご神水を作ろう

＼ こんな人はすぐ実践！ ／

いつも自信がない 自分を責めがち	「誰も理解してくれない」と感じている	主張の強い人に 流されがち

人間は良くも悪くも対人関係から自分を知り、自我を形成していきます。時には悪い気を吹き込むような人と出会うこともあるでしょう。ただ、「私は何があっても大丈夫！」と自信を持っていれば、神さまとの絆も強くなり、運気アップにつながります。ここでは自分を守るためのアイテム作りをご紹介します。強い浄化力を組み合わせたお清め袋と、思考や体を整えるご神水をお守りとして作りましょう。これがあれば、鬼に金棒です。

お清め袋……粗塩（小さじ1）、水晶さざれ（小さじ1※パワーストーンショップなどで購入できます。）、セージの葉っぱ（1枚）を透明のビニール袋に一緒に入れて混ぜます。不安になったとき、緊張してナーバスになったとき、誰かに叱られたときに、これをお守りのように握って気持ちを落ち着かせましょう。袋をあけて香りをかぐのもおすすめ。

※袋が破れていたり、3ヶ月以上たったものは処分して新しいものを作りましょう。

ご神水……好みの天然水にレモン、オレンジなどの柑橘類を絞り、好みで蜂蜜などを混ぜて水筒に入れて持ち歩きます。人の意見や評価を気にしがちなときに飲んだり、人の意見に振り回されて決断できないときに、眉間にある第三の目といわれる場所を、指につけた水で時計と反対まわりに3回なぞって気持ちをほぐしましょう。

※当日に使い切らなければ捨てましょう。

私たちは、神さまの使いとしてメッセージを伝えている

私たちは、一生を一人きりで生きていくことはできません。親や兄弟姉妹、友人、パートナー、上司、同僚など、あなたの周囲にはアドバイスをくれる人たちがいると思います。

実は、神さまたちは、他者を媒体として、あなたに運気の状態を伝えています、外神さまがあなたの内神さまにアドバイスを伝えたりもしています。直接言葉で伝えられるときもあれば、何かのやりとりによってあなたが気づく場合もあります。

つまり、**周囲の人たちは、神さまからのメッセンジャーであり、運命のキーパーソン**ともいえるのです。一方、他者から見れば、私たちもまた、神さまからのアドバイスを届けるメッセンジャーです。皆が神さまの使いとして、吉凶さまざまなメッセージを伝え合っているというわけです。

あなたをほめてくれる人も大切ですが、あなたを叱ってくれる人をもっと大切にすると、運はさらに良くなっていきます。厳しいことや言いにくいことを言ってくれる人は、あなたに嫌

われるかもしれないというリスクを背負ってまで伝えようとしてくれているからです。

また、**「当たり前すぎる」「図星すぎて腹がたつ」「耳にタコ！」と思うメッセージには、あなたの運命を成長させるためのキーワードがたくさん含まれている**はずです。あなたの成長を邪魔する運の障害を取り払うにも、「よく言われる言葉」を意識しましょう。

私の経験上、運の良いときこそ、人からのアドバイスに耳を傾けたほうがいいと感じています。「うまくいかないとき」ではなく、「学びが多いとき」と発想を転換するのです。

運を前進、加速させていくには、そんなときこそアドバイスをくれる、運命のキーパーソンを見落とさないようにしましょう。

ただし、自分のエゴや他人をコントロールしたいという想いから「あなたこうしたほうがいいわよ」と伝えてくる相手がいたら、気をつけてください。その人とのおつき合いは、程良い距離感を保つようにしましょう。あなたに本当の学びを与える人は、あなたを思い通りにコントロールしようとする人ではありません。

あなたの周りにいる人は神さまのメッセージを届けるメッセンジャーです。次のページからは神さまが私たちに教えてくれる運気のサインについてご紹介します。神さまからのメッセージを逃さないようにしましょう。

運が低迷しているサイン

運が低迷していると、体や体調、言動などに現れてきます。周囲が気がついて伝えてくれることもあるでしょう。

運の障害を自分で作り出しているときのサインともつながりますので、自覚症状として気づいたら改善するように心がけましょう。

また、他者でこのようなサインを出しているときには、長時間一緒にいると運の低迷に感染してしまうので気をつけましょう。

1 目や目の周りにトラブルがある

・目の疲れが取れない
・夜更かしをしていないのにクマがある
・目に生気がない

体調が悪いとき以外でこの症状が出ていたり、人から「疲れてない？」などと聞かれたら要注意。

整体やマッサージに行ったり、デトックス効果のある食べ物を取り入れるなどして、体から邪気を排出しましょう。また部屋の換気をして、こもっていた邪気を解放しましょう。自分の「気」の交換を意識するといいでしょう。

2 人の話を聞けない

・自分より経験豊富な人からのアドバイスを聞けない
・人の話を最後まで聞かずに判断する
・自分が正しいと思っている

「人の話を聞かないと、誰もあなたの話を聞いてくれなくなるわよ」。これは私が母からよく言われていた言葉です。相手を無視すると、自分のことも無視されてしまいます。

自覚したら、とにもかくにも人の話を最後までちゃんと聞く意識を持つこと。それから、自分のなかで判断するようにしましょう。

3 優柔不断になる

・嫌われてしまうと思い、本音が言えない
・常に受け身でいる
・傷つきたくないという思いが強い

決断力に乏しい傾向にあり、自分で結果を受け止められない、踏み出すことができない状態で消極的……。

決断力がないことは必ずしも悪いことではありませんが、できるだけ改善するように心がけましょう。他者との距離感を大切にして、相手がどう出るかは良い意味で考えずに、自分を優先するようにしてみましょう。

4 許せないことがある

・信じていた人に裏切られた
・いまだに許せないこと（人）がいる
・悔しくてたまらない

「信じていたのに裏切られた」「自分は関係ないのに巻き込まれた」など矛盾や不公平、不条理なども多い世のなか。常に変化のある世のなかとは対照的に、その物事に固執して自分だけ取り残されていると感じていることはないでしょうか。

自分自身を過去に縛ってしまわずに、運命の歯車を回転させるように前進しましょう。

5 スピリチュアルを意識しすぎる

・目に見えないもののせいにしている
・私は特別と周囲にアピールする
・私の神さまが正しいと思い込む

気持ちの面で不安定になり、「この状況は何かのサインなのかも？」と、そこに意味づけがほしくなることがあります。サインを意識するのはいいことなのですが、過剰反応はＮＧ。これが行き過ぎると自分だけの世界が閉鎖的なものになってしまいます。地にしっかりと足をつけることで、思い込みや想いぐせから解放されていきます。

他にもこんなサインありませんか？

人の悪いところや短所がやたら目につく

周りと歩調が合わなくなり、
人と会う予定が減っている

ごはんを食べ損ねても、
飲み物を飲み損ねても空腹感を感じない

うまくいっている人を見ると
むしゃくしゃする　　など

運が高まっているサイン

運が低迷しているときとは逆に、高まっているときは自覚症状がないものですが、周囲から「なんか変わった?」と指摘されることがあれば、それがサイン。指摘されてから「……そういえば運気いいかも?」と客観的に自分を見つめることで自覚することができます。

日常のなかで「あれ?これってもしかして?」と運が高まってきているときにサインをチェックしてみましょう。

1 雰囲気が良くなった

・やけに人が周りに集まってくる
・「なんか雰囲気変わったね」と言われる
・「人がやさしい」と感じるようになった
・「ま、いっか」と物事の固執がなくなった

特に何かしたわけではないのに人が集まってくる、人から親切にしてもらい感謝できる、前向きなあきらめである「手放し」ができるようになった、などの変化に気づいたらあなたのオーラ(気)が良くなっているというサイン。自分に自信を持ちましょう。

2 見た目がキラキラしている

・おでこが艶々して、目元が輝いている
・ヘアメイクやファッションに強い関心が出てきた
・キラキラしている、輝いていると言われる

自分の容姿に興味が出て、容姿をほめられるなどの見た目の変化はわかりやすいサイン。意識しての内側からの輝きもありますが、これはメイクでの力を借りることもできるので、パール系のハイライト、パール系の青みのあるピンクなどでおでこや目元を艶々にしてみましょう。

運気にも良い影響を与えることができます。

3 周囲の人が変わった

・新たに関わる人が自分よりも運が良いと感じる
・周囲の人に良いことがよく起きる
・交友関係が変わった

自分に関わる人たちにも変化が出てきます。これは、あなたのオーラが変わったので、それにみんなが気づき、近づいてきているということ。人は良い気を発していると、話しかけてみよう、関わってみようと思うものです。交友関係の変化を悪くとらえずステージアップしたのだとポジティブに意識しましょう。

4

数字やワードからのメッセージに気づく

・ゾロ目を偶然目にする機会が増えた
・よく同じ言葉や文章などを目にするようになった

レシートや車のナンバーなどで「777」「333」などゾロ目を見かけるというのは良いことのサイン。

また、本で見かける、友人に言われる、テレビで見かけるなど、最低三回でも同じ言葉や文章、文字と出会ったら、それはご縁があるというサイン。あなたがやるべきことだったり、訪ねるべき場所と言えます。

良いことがあったときに意識したいこと

自分で開運グッズを購入したり、開運法を試してみたことで良いことが起こり、「これって、あのおかげ?」と自覚できることもあります。そんなときは「何かのおかげでラッキーになった」と考えずに「何かを積極的に取り入れたから、運を引き寄せることができた自分がすごい」と思うようにしましょう。さらに開運力を高めることができますよ。

他にもこんなサインありませんか？

当たり前にある幸せに気がついた

動物や子どもが寄ってくる

日々が楽しい

「あなたと一緒にいると楽しい」と言われる

周りから「どうやるの？」と
教えを乞われることが多くなった　　など

COLUMN

愛新覚羅家のお抱え霊能力者のはなし

母や祖母、愛新覚羅家をルーツに持つ、中国の親族たちが信頼している霊能力者が、私の生まれ故郷のハルビンにいます。警察の捜査にも内密に関わっているとかいないとか……。その人に、20代前半の頃に母と会いに行き、予言をいただきました。この予言が怖いくらいに当たったのです！

私が言われた言葉は「あなたは死ぬまで本を書き続けるよ」でした。当時、ファッション関係に興味があったのと、国語は昔から不得意だったため「文章力があるわけない！当たっていない！」と母とともに感じていました。

しかし、この言葉は現実となったのです。母が当時メモしてくれていたものを読み返すと「33歳で本を書き始める」とありましたが、まさに私が最初の本を出版したのは33歳のときでした。

その後も、ありがたいことに書籍のお仕事が続き、現在に至ります。まさに霊能力者の予言通りになっています。それ以来、この方の言葉を指針とし、仕事である占いやスピリチュアルな力についても、相談にのっていただいています。

特別編

FORTUNE

神運体質を高めるここだけのお話

内神さま、外神さまとつながることはできたでしょうか？　ここからは、神運体質をさらに高めるためのお話をしたいと思います。実は、私は幼い頃に、神さまから、世界について、人間について、大切なことをいろいろ教えてもらいました。少しだけ、ミステリアスで、ディープなお話かもしれませんが、わかりやすく、みなさんにもご紹介します。

ゆうはんの
開運人生⓪
これからお伝えするのは
とっても不思議なお話
うーん
どのママに
しよう?
この5人の
母から
選びなさい
こうして、私は母を選んで
生まれてきました
胎内記憶
そして3歳だったあの夜
ドーン
きみに
大事なことを
教えよう
私たちが誰か
わかるかね?

さぁ頭を貸してごらん
うわぁいろいろなものが見える
この世 その世 あの世
黒、白、赤は大事な色
1 2 3 4 5
というのがあるんだよ〜
大切な覚えておきたい数字もある
なんかすごい
不思議な体験したことないですか？ 忘れているだけかもしれませんよ
成長し学ぶなかで神さまからの教えと気づきました
次からは、ちょっと特別な運トレです ぜひ試してみてくださいね

7人の神さまから教えてもらった、あの世、その世、この世について

私は中国の黒龍江省ハルビンで生まれました。ロシアの影響が息づく東洋のパリと呼ばれる場所で、冬は零下30度にもなる氷の世界です。周囲には教会が点在していたので教会に行く機会も多く、マリアさまや天使が天井や壁画からいつも歓迎してくれていたのを覚えています。

ある日、教会から帰る際、透明の双子の天使がくっついてきたことがありました。そして、その夜、コミックにもあったように、私は初めて「神さま」に出会ったのです（そのときは、謎の存在！としかわかりませんでしたが……）。まだ幼かった私に、神さまたちは「世界の法則」を教えてくれました。今回、それを初めてお話ししたいと思います。

神さまたちは、この世界には、大きく3つの扉があると言いました。そのときに聞いた名前とは少し違うのですが、わかりやすい言葉を使ってここでは「あの世の扉、その世の扉、この世の扉」と表現しています。

あの世の扉は、「肉体が死んだら戻る世界＝あの世」への扉。あの世は、限りのない無限の

世界です。私たちの肉体には寿命がありますが、魂には寿命がありません。亡くなったら魂はあの世へ行きます。肉体のように死ぬことはなく、交わって溶け込み、また肉体に宿るタイミングを待つそうです。

その世の扉は、「あの世とこの世をつなげる世界＝その世」への扉。その世には、さまざまな架け橋となるルートがあるそうです。西暦２０００年以降にその世の役割についての研究や裏づけが進み、革新が起こると教えてもらいました。

この世の扉は、「私たちが今生きている世界＝この世」への扉。この世は、諸行無常、そして限りがある物質世界です。地に足をつけて、煩悩を持ち、魂を高める学びの舞台です。

神さまたちは、「これから地球が新しい次元の扉へ向かうために、あなたはその世の役割を担って、古く良いものを伝承し、新しいものへとつなげていくスタイルを形成しなさい」と私に教えてくれました。「あの世」と「この世」をつなげるのが「その世」ですが、私の占いや風水の仕事はまさに「その世」の役割。あの世が未来、その世が未来と今をつなげる道、この世が現在と過去、というふうに見ると、本書の運トレは未来を実現するために、現在と過去の経験をもって未来への道をつなげていくものといえます。

運を開くための三種の神色《しんしょく》「黒、白、赤」

神さまからは、運を開くために重要な色が3色あると教えられました。それは、黒、白、赤です。私はこれを、風水の陰陽五行に当てはめて解釈しました。

「陰」＝黒、「陽」＝白、「水」＝黒、「金」＝白、「火」＝赤、となり、五行の「土」＝黄、「木」＝青を抜いた色を表しています。つまり、3色を補い、整えることで、土と木の実りが生まれ、栄えるということです。

黒の役割は、陰であり、水であり、女性、月、夜などを表し、子孫繁栄を司ります。月の満ち欠け、海の潮の満ち引きが、女性の生理周期や妊娠や出産をコントロールしているといわれています。満月の夜に出産が多いという話も聞いたことがあるのではないでしょうか。また、黒は、感情や感受性の不安定さの象徴でもあり、神秘性やミステリアスさを引き立たせる色です。

白の役割は、陽であり、金であり、男性、太陽、昼などを表し、五穀豊穣を司ります。白は清く、浄化などにも適したカラー。神社などでも、お清めの際には白を象徴的に使います。また、紅白の組み合わせで、お祝いごとにも好まれます。金＝ゴールドは、貨幣や資本主義社会を象徴しており、太陽の光で作物は育ち、国家を安泰へと導きます。

赤の役割は生命、血、覇気、火、エネルギーなどを表し、魔除けを司ります。

私たちの生命には黒、白、赤が流れています。黒い瞳、白い肌、そして生命を与えているのは、心臓というポンプを通して全身に脈々と流れる赤の活き活きとした血液です。神社の鳥居や、巫女さんの衣装にもみられる赤（朱色）は、実は魔除けや邪気祓いとして古代から使われた色。中国でも、女性は赤を身につけることで悪いものを寄せつけないという古い習慣があります。真っ赤な下着や靴下を身につけると、赤の強いパワーが邪気を祓ってくれるのです。

神さまは、「暗闇（黒）の世界より光（白）の世界へと向かい、そこには沢山の生命と喜び（赤）に満ちている」と言いました。この3色は、最も根源的で、宇宙の始まりのエネルギーを持つ、力にあふれた色ということです。

ぜひ、黒、白、赤のパワーを日常生活に取り入れていきましょう。ただし、黒すぎたり、白すぎたり、赤すぎるのはNG。バランスが大切だと知っておいてください。

運を開くための五種の神数《しんすう》「4、8、3、5、7」

色に加え、運を開くために重要な「数字」もあります。

神さまが教えてくれたのは、「０から９までの数字はどれもエネルギーが非常に高いが、０、１、２、９という、最初と最後にあたる４つの数字は、神さまが担っている。その領域はまだ地球では使いこなせていない」ということです。私が大人になるにつれ、その言葉の意味するところを考え出した際、新約聖書のヨハネの黙示録にある、この言葉と出会いました。「神は、Ａ（アルファ）であり、Ω（オメガ）である。最初であり、終わりである」というものです。ギリシア文字の最初と最後であるＡからΩへの流れは無限に循環しており、この循環のなかで躍動しているのが、神さまの作った世界といわれているそうです。ＡからΩへの流れと、０で始まり９で終わり、また０から始まる数字とは「循環」という共通点があるように思えます。

０＝世界のはじまりの【Ａ】
１＝闇から光の誕生
２＝人を造った

3＝人のはじまり
4＝生命が増え栄える
5＝王さまや皇帝がうまれる
6＝争い犯罪がはびこる
7＝貨幣社会の完成（資本主義の豊かさの時代）
8＝宗教と思想の世界の完成（スピリチュアルや思想の豊かさの時代）
9＝世界の終わりと再生に向かう【Ω】

偶数の「4」は対人関係や人との大きなネットワーク、関わりや繁栄などの育成を示し、その2倍の数である「8」はそこから育まれた思想や信念で皆が協力し合う体制が整うことを示します。つまり調和です。そして奇数の「3」は種まき、「5」は実りや恵みを与え、「7」で豊かさが育まれ収穫となります。まさに、子孫繁栄、五穀豊穣の循環がこれらの五種の数字に宿っています。私はこれを五種神数と呼んでいます。

私たちの世界は今「7次元」をこえて「8次元」へと向かい、まさに「9次元」の最上級の完成を目前にしていると、7人の神さまは教えてくれました。

さらに開運できる

運トレ 1

黒、白、赤はパワーの源
気を授かる土地をめぐろう

＼ こんな人はすぐ実践! ／

むやみやたらとパワースポットに行く	地名の由来などには興味がない	「色」を意識したことがない

私たちは風水を意識して作られた場所に行ったり、住んだりすることによって気を高め、開運体質へと変えて行くことができます。ここでは、神さまに教えてもらった「黒、白、赤」の3色にまつわるパワースポットめぐりについてお伝えします。

　地名や場所名に「黒、白、赤」とついているところを探してみてください。たとえば黒部ダム、白山《しらやま》比咩《ひめ》神社、赤羽駅のように、地名、駅名、神社仏閣、山、川や湖などの名前に黒、白、赤が入っている場所へ意識して行ってみましょう。名前の由来を知るとさらにその「気」に触れ、運が高まりますよ。

　また、黒、白、赤の色から連想されるところもパワースポットです。たとえば箱根の大涌谷には「黒たまご」という名物がありますが、色が象徴されるような名物があるところも良いでしょう。他には、神社の黒い馬と白い馬、黒い狐と白い狐、黒龍と白龍のように、ご神体の色が関連する場所も該当します。赤＝朱＝紅でもあるので、神社にある朱色の鳥居なども当てはまります。

　最後に、スポットではありませんが、3色の色の名前がついたものを食べるのもおすすめ。先ほどの「黒たまご」は良い例で、土地のエネルギーを吸った食物をいただくとご利益があります。伊勢名物の「赤福」も縁起が良く、色のパワーにあやかることができます。

さらに開運できる

運トレ 2

黒、白、赤のバランスを整えて部屋をパワースポットに

＼ こんな人はすぐ実践！ ／

部屋の方角に合ったカラーを取り入れていない	北側の部屋を閉め切っていてジメジメしている	南側の部屋が片づいていない

北は「黒・黒に近い色」、西は「白系の色」、南は「赤系の色」でインテリアを整えると、部屋をパワースポットとしてさらに高めていくことができます。

その際、インテリアの色だけでなく素材や飾るものも意識して整えると、運を底上げしてくれるでしょう。

部屋の北側は暗くジメジメしやすいので、他の場所以上に除湿や換気をする必要があります。除湿機、空気清浄機、炭などを利用して除湿したり、窓やドアを開けて空気を入れ替えましょう。おすすめのカラーは黒やダークトーンです。また、北側の象徴は「水」なので、水槽を置いたり鏡やキラキラと反射するものを置くのも良いでしょう。

西側は、ホワイト、アイボリー、シルバー、ゴールドや、パステル調のカラーでインテリアをそろえてみましょう。西の方角の象徴は「金」ですから、ガラスや陶器なども相性抜群です。

南側は、「女性の方角」として大変良い方角です。恋愛や結婚で悩まれている方は、特にこの方角を整えることをおすすめします。レッド、オレンジ、ピンク、パープルなどの暖色系のカラーが良く、特にグッと南の運を高めるラベンダー×ピンク×ゴールドが◎。南は生花とも相性が抜群なので、ぜひ飾ってみましょう。

さらに開運できる
運トレ 3

自分をなかから変える
黒、白、赤のパワーフード

＼ こんな人はすぐ実践! ／

食べるものにこだわりがない	自分の体の状態に合った食事をしていない	食材の色を意識したことがない

パワースポットに行ったりインテリアの色を意識するだけでなく、自分自身を内側から整えることで運気はさらに上がります。
特に食べ物からパワーをもらうことは、運を高めるのに手っ取り早い方法のひとつです。
黒、白、赤の開運パワーフードを意識して取り入れてみましょう。

黒のパワーフード↓腎機能を高める

腎臓は夜19時以降は動きが鈍くなるので、パワーフードは朝やお昼に食べましょう。また、19時以降はあまり水分を多量に飲まないほうがベター。むくみやすくなります。しょっぱいもの、辛いもの、味が濃いものを多く食べた場合は、水や白湯も多めに飲みましょう。がぶがぶと一気に飲むよりも、時間をかけて少しずつ飲むことを心がけます。

おすすめの黒のパワーフード

プルーン、レーズン、黒ゴマ、黒酢、黒糖、黒豆、プーアル茶、黒米、ヒジキ、昆布、黒きくらげ、など

白のパワーフード↓肺や気管支の機能を高める

肺は午前3時〜5時が一番動きが活発になるので、パワーフードを夕飯に食べるのをおすすめします。気管支には「杏仁」が良いので、夕飯のデザートに杏仁豆腐を食べるのも良いでしょう。また、肺機能には大根がとてもおすすめ。風邪気味のとき、気管支の調子が良くないときには、すりおろした大根としょうがにはちみつを混ぜて喉に流し込みます。

おすすめの白のパワーフード

梨、杏仁、白ゴマ、白味噌、大根、白きくらげ、山芋、玄米、蓮根、白系のきのこなど

赤のパワーフード→心臓や循環器の機能を高める

心臓は午前中が活発で、午後から夕方の間は動きが低下するので、朝、または早めのランチにパワーフードを食べましょう。春はいちご、夏はトマト、秋はぶどう、冬はりんごと、糖質がある旬の果物や野菜がおすすめです。朝の糖質はエネルギーとして変換されやすいので、その日一日を活動するためのガソリンになってくれます。

おすすめの赤のパワーフード

りんご、なつめ、いちご、パプリカ、トマト、唐辛子、味噌、サーモン、にんじん、梅干し、カニ、エビなど

白のパワーフード
梨
杏仁
白ゴマ
白味噌
大根
白きくらげ
山芋
玄米
蓮根
白系のきのこ

黒のパワーフード
プルーン
レーズン
黒ゴマ
黒酢
黒糖
黒豆
プーアール茶
黒米
ヒジキ
昆布
黒きくらげ

赤のパワーフード
りんご
なつめ
いちご
パプリカ
トマト
唐辛子
味噌
サーモン
にんじん
梅干し
カニ
エビ

さらに開運できる
運トレ 4

数字を意識した運トレ①
何階に住む?

＼ こんな人はすぐ実践! ／

身の回りの数字を意識したことがない	お願い事と数字を意識して考えたことがない	目にした度重なる数字のシグナルに気づかない

数字は私たちの世界に欠かせないものです。数量を表したり、計算に使用したりとさまざまな役割がありますが、数字自体もいろんなメッセージを私たちに発していると神さまは教えてくれました。ここでは、運を高めてくれる数字の開運法についてお話しします。

仕事運、金運、出世運と、数字の目的や目標を持っている方におすすめなのが「奇数階」に住むことです。1階、3階、5階、7階、9階など、奇数の階はあなたをステップアップさせてくれる数字です。今住んでいるのが偶数階だ、という方は、部屋の番号はどうでしょう？ 401、609、205など、奇数の数字が入っていればOKです。301、515、709など、奇数階で奇数部屋番号ならば効果的です。

恋愛運、結婚運、対人運を上げたい人は調和の数字でもある「偶数階」に住むことをおすすめします。日本では偶数のように割り切れる数字は「別れる」につながるとも言われますが、奇数は「邪魔が入る、浮気や不倫の第三者が入ってくる」という意味が強くなります。こちらも偶数階で偶数の部屋番号が一番おすすめではありますが、どこかに偶数が入っているだけでもおおむねOKです。

一戸建てに住んでいる人は、番地を意識してみましょう。奇数と偶数の組み合わせや、自分自身の誕生日、ラッキーナンバーなどを意識して土地を探すのも良いでしょう。

さらに開運できる
運トレ 5

数字を意識した運トレ②

ゾロ目を見かけたら……

＼ こんな人はすぐ実践！ ／

数字の発するサインを見逃している	ゾロ目を意識したことがない	数字を気にしていない

車のナンバーや時計をふと見たときに「1111」や「555」などのゾロ目を目にすることはありませんか？　これが続くときは吉報のお知らせだったり、何かに「気づきなさい」という啓示だったりします。何を表しているかすぐにピンとくる人もいれば、後から「もしかしてこのことだったのかな？」と気づく人もいるでしょう。このように、一定の数字やゾロ目をよく目にするときは、感受性や霊感が高まり、その数字の振動と波長が合っているときだと神さまは言っていました。潜在意識と顕在意識のシンクロが起こり、スピリチュアルな意識とピントが合ってきている状態で、引越し、転職や対人関係の変化など何かの転機に現れることが多いといわれています。

また、よく見る数字によっては神さまからのメッセージともいわれます。その数字が自分にとってどのような意味を持つのか、何かと関連する数字ではないか、考えてみてください。

ちなみに、中国では「8」が大変好まれます。これは中国語の8の発音と「発財（財を築く、お金持ちになるという意味）」の「発」の読みがなが同じだからです。発展、発見、出発というように「発」は勢いや直感、ひらめきなど、スピード感を表す言葉ともつながっているので、8888などのゾロ目は「たくさん舞い込んでくる」、「発生する」というようなおめでたい意味となるのです。

COLUMN

私が神さまと出会った
厳選パワースポット

私が実際に訪ねて、神さまを感じて、ご利益をいただいたところを紹介します。全国いろいろなところに行っていますが、特に印象に残っているところを選びました。

銭洗弁財天宇賀福神社《ぜにあらいべんざいてんうがふくじんじゃ》（神奈川県）
10年以上前に一度行き、お金を洗った翌日に玄関をあけたら、外にきれいに2つの500円玉が揃えて置いてありました。その日から鑑定や仕事の依頼が3倍以上になりました。

車折神社《くるまざきじんじゃ》（京都府）
玉垣を奉納してから数週間後に著書の重版が決まり、雑誌からの取材や原稿依頼がたくさん来るようになりました。

天河大辨財天社《てんかわだいべんざいてんしゃ》（奈良県）
自分のスピリチュアルな能力のコントロールに悩んでいた、若いときに祈祷をしてもらったところ。気持ちが明るくポジティブになりました。

江島神社《えのしまじんじゃ》（神奈川県）
夫と初めて行った神社デートでしたが、その後長く付き合い、結婚にいたりました。二人でおそろいのお守りも買いました。

春日大社《かすがたいしゃ》（奈良県）
手をあわせたときに突風がふき、曇っていたのに光がさし、清らかな風が自分の周囲を包み込んでくれる現像が起きました。心が清らかに浄化されたと感じました。

守護神占い

FORTUNE

あなたを見守る神さまは？

日本古来の神さまたちが、あなたを見守ってくれています。生年月日によって決められた、あなただけの守護神を紹介しましょう。基本的な性格や、恋愛&結婚運、仕事&金運、運気アップにおすすめの運トレもお伝えしているので、参考にしてみてください。

守護神占いとは

世界にはさまざまな宗教や神話、さまざまな役割を持った神さまがいます。

日本には神仏習合と大変珍しい宗教思想が残っていたり、また、ユーラシア大陸から多くの宗教や言い伝えが、東へ東へと渡り、最終的に日本へ渡ったことで、他の国では語られなくなった神さまの捉え方などが、古くからある神社仏閣には残っています。特に大陸寄りの日本海側の区域や、沖縄には言い伝えも含めて残っているものが多いといい、バビロニア、インド、中国の各少数民族ごとの神話などと大変酷似している神話や神さまが、日本神話にも登場してきます。

そして、多くの日本人の魂には八百万《やおよろず》の神々が宿っており、神道をメインとした精霊崇拝も身近です。自然を崇めること、人という仏を崇めること、これらが良いバランスで残っています。

本書では私たち東洋人にとって身近な神さまをベースに、風水と数秘術を組み合わせた、ゆうはんオリジナルの守護神占いを紹介します。

数秘ごとの性質にあった守護神が導く、あなたの基本性格、恋愛&結婚運、仕事&金運、おすすめ運トレをチェックしてみてください。

守護数の出し方

生年月日を1桁の数字に分解し、すべての数字を順番に足していきます。足した数字が2桁になったら、1桁の数字になるまでくり返します。最後に1桁になった数字があなたの「守護数」です。対応している守護神はあなたを守ってくれている存在なので、祀られている神社仏閣などへ行きお守りなどを授かるとさらに効果的です。

例「1981年2月8日生まれ」の場合

1 + 9 + 8 + 1 + 2 + 8 = 29

▼

2 + 9 = 11

▼

1 + 1 = 2

守護数は「2」になります。

あなたを守ってくれる守護神のご加護をいただきましょう。

守護数

1

アメノミナカヌシ

高天原《たかまがはら》に最初に降臨し、全国の水天宮に祀られている創造神。

基本性格

好奇心旺盛でリーダーシップがあり、何事にも全力投球したがる熱い人です。熱しやすく冷めやすいところもありますが、自分の適材適所を見つけると本領を発揮し、好きな仕事を生涯本職に持つ人でもあります。正義感も強く、曲がったことが嫌いで、「正しい、間違っている、白か黒か」とグレーがないさっぱりとした性格も持ち合わせています。そんなあなたを慕い、頼ろうと人が集まるため、面倒見も良いでしょう。

恋愛&結婚

惚れたら一直線、他には見向きもしません。好き嫌いもハッキリしていて、ピッタリなパートナーを見つけるでしょう。ほめられたり、おだてられると弱いところがあり、ついつい「いい人だな」と騙されることもあるかもしれません。結婚は比較的早い人が多いですが、仕事人間にもなりがちなので晩婚タイプも。妥協をあまりしないため、相手に見合った努力を怠らないので周囲が素敵！と思うような恋愛・結婚スタイルを築きあげそうです。

仕事&お金

適職が天職になってしまうぐらい仕事運が良く、人にも恵まれるでしょう。もしあなたがそうでもないなと感じているのであれば、まだ本領を発揮していない、才能に気づけていないだけかもしれません。

この守護神を持つ人は目標を常に持ち実践して達成していくと、社会的評価はもちろん、金運も連動して上がっていきます。地道に貯蓄をするのが向いています。また、衣食住に困らないだけの運を持っているので、困ったときは素直に人に頼るようにすると運は高まります。そして、いつも感謝を忘れなければ、もともとの強運をさらに活かせるようになるでしょう。

ラッキースポット

いろんな人が集まるレストランやバー、パーティーの社交場、学校や図書館、交流が広がる異業種交流会やセミナーイベントなどに積極的に参加をしましょう。初対面の人でも動じず、分け隔てなくいろんな人と交流ができるのがあなたの才能です。特に自分の持っていない価値観や感覚の人、外国の人が集まる場所はおすすめです。

おすすめ 運トレ

68〜93ページ

しっかりとした強みが備わっている人なので自分の強みを自覚できると、元々持っていた才能の開花が加速します。自分を知る運トレで自己分析し、強みを活かせるように意識していきましょう。

守護数

2

大黒天

国造りの神様。動物に好かれ、ほほ笑む姿が有名。

基本性格

温厚で天真爛漫で素直な人が多く、優しい慈愛精神にもあふれています。相手が何を求めているのか、どう思っているのかに敏感で気遣いに長けていることでしょう。自分よりも相手がどうかを大切にし、話し上手で気さくなところもある愛嬌を持ちあわせます。ご縁つなぎも得意で「これとこれが合うのではないか」という直感にも長け、無から何かを生み出すよりも、有るものから何を選ぶとさらに私たちにとって良くなるのかを研究することも好きです。

恋愛&結婚

自分よりも相手を重んじる傾向にあるためまさに良妻賢母。面倒見の良さを逆手に取られて、面倒な異性や子どもっぽい異性に好かれる傾向にあります。自己犠牲型になりすぎて疲れる、貢ぐ、尽くしすぎることがあるので、たまには厳しく相手との距離感を考えていきましょう。そうしなければ、共倒れすることもあるかもしれません。とても愛情深く、家系や家業を継ぐ人も多くいます。そのため、良い意味でしきたりに縛られた結婚などもおすすめです。

縁の下の力持ちタイプ。相手や上司を引き立てるのもうまく、それによって自分自身も引き立てに合い敵をあまり作らずに出世できる才能を持っています。バランス感覚にも大変優れ、相手との交渉において細かな動きを読み取ることも得意です。

仕事&お金

金運はコツコツ型です。人のために使うと自分も豊かになる運ですが、活きる投資なのかは、しっかりと人を見て学ぶ必要があるでしょう。株投資や運用などは向いていないのでうまい話が来てもスルーを。不動産を持つ場合は、土地との相性をしっかりと鑑定してもらってからの購入をおすすめします。

ラッキースポット

大人数よりも、少人数、または2人だけの空間が合っています。もともと気遣いの人なので大人数だと自分よりも相手を優先しがちになり、自己主張が上手に伝わりません。テラスがオシャレなカフェ、ゆっくりと鑑賞できる映画館や美術館、自然豊かなロハスな環境がおすすめです。自然の気に満ちた神社なども相性が良いでしょう。

おすすめ 運トレ

42ページ

人とのご縁で運が高まっていきますので、異文化や異国のものを学ぶ機会を増やしたり、インドアではなくアウトドアを心がけて行動範囲を広げていくと運がさらに開けてくるでしょう。

守護数

3

コノハナサクヤヒメ

日本神話一、美しい女神。噴火を鎮めるために富士山に祀られている。

基本性格

自分自身で道を切り開くことに長けている人です。あまり細かいことは気にしません。それよりもどうやったらもっと楽しいか、幸福になるのかというポジティブなイマジネーションを持った人が多いです。好奇心旺盛ですが、熱しやすく冷めやすい傾向にもあるので器用貧乏になりがちな人も……。それでもあまり深くは気にしない思考の持ち主です。行動力と体力も抜群で体を動かすことが好きな人が多いでしょう。

恋愛&結婚

あれもいいな、これもいいな、と恋愛体質なタイプ。逆にそれをくり返していると長期的な恋愛には至らず、チャンスを逃してしまいがちになることも。もともとモテるタイプでもあるので、異性には困りませんが、若いうちに授かり婚をしたり、学生結婚をしたりと結婚は早めでしょう。恋愛体質を長く引きずっていると結婚の安定よりも刺激を優先し、晩婚や事実婚、別居婚など既成概念に捉われないスタイルになるかもしれません。

やる気はあるのですが、持続力や継続力が少し劣る短期集中型。企画や商品開発などのプレゼンテーションや営業に向いており、机にジッとしている事務や総務よりも体を動かし、さまざまな土地に出張で出向くことができる職種を選ぶと能力が活かされます。

仕事&お金

金運は浪費家で、給料を毎月いつの間にか使い切っているということも。貯めることを意識していかないとカード地獄に陥る人もいるので、お財布の紐は固く！を意識しましょう。その割にギャンブル運があるので宝くじを購入すると良いことがありそう。

ラッキースポット

華やかなスポットがぴったりです。高級ブランドが立ち並ぶショッピングモールや百貨店、豪華でラグジュアリーなレストラン、予約がとりにくい老舗店や人気店に行くことで運を高めます。高級じゃなくても話題のお店や、新しくできたショッピングモールなど、レセプションパーティーやイベントがあれば積極的に出てSNSなどで紹介をしても良いでしょう。

おすすめ運トレ

38ページ

もともと地に足がつかず、楽観的な方も多いので自分自身のグラウンディングを高めることと、自己中心的になりがちな面をカバーするために、自分自身のバランスをとる運トレをおすすめします。

守護数

4

アマテラス

基本性格

根気強い性格で、努力家であきらめません。粘り強さが強みでもあるので負けず嫌いな人が多いでしょう。また、マイペースなタイプでもあるので、人にペースを崩されることを好みません。安定志向で無駄なことは嫌い、保証や安定がないと簡単に契約をしたり、人の話を鵜呑みにしたりもしないでしょう。人によっては一匹狼タイプとも言えます。時に情にもろいこともあり、保身よりも人のためになるならと力をつくす傾向もあります。

太陽の女神。伊勢神宮に祀られている。太陽、光などを象徴する。

恋愛&結婚

受け身な人が多く、相手の出方を見てから自分はどうするかを考えるタイプ。そのため、出会いがあってもチャンスを逃しやすく、人に譲ってしまうことも多いでしょう。しかし、一度好きになると一途な人が多く、相手を落とすまであきらめません。なかにはあきらめどきなのにあきらめず、また違うチャンスを逃してしまう人も。傷つくことを恐れがちなので、相手よりも自分がどう感じるかを優先しましょう。

仕事&お金

数字に強くお金管理にも長けています。特に長期的な運用や貯蓄が得意なので、人からアドバイスを求められることも。ファイナンシャルプランナー、会計士、税理士、総務経理職などが向いています。

FXや資産運用、不動産運もあるので、それらを学び、才能を活かしていくことで生涯お金に困ることはまずない運命です。コツコツと貯める場合も多く、積み立て定期預金なども良いでしょう。お金に関する仕事に就かなくても、事務や人事や公務員なども適性なので、真面目に仕事をしていくと評価に大きくつながるでしょう。

ラッキースポット

便利なものが好きな人が多いので、最新の電化製品がそろっている店や、最新鋭の技術が見られるレジャー施設、映画館、アミューズメント施設や、バーチャル体験を楽しめる空間も良いでしょう。また乗り物とも縁があるので、電車、新幹線、飛行機、バス、車、ロープウェーやジェットコースターなども吉。

おすすめ 運トレ

56ページ

優柔不断で決断力に欠ける面を補うべく、周囲や自分に起きている変化を知る努力を怠らず、迷わない選択力をつけていくことが大切。人生のなかでさまざまな経験を積極的にすることで運がさらに開けてきます。

守護数

5

宇賀福神《うがふくじん》

基本性格

注目を浴びやすく魅力的な人が多いです。基本的に自由人で、一般論や常識に捉われない傾向にあります。人と同じことが嫌いでもあるので、わざと違う方向性へと向かったり、おもしろいなと思う道を選びがち。人によってはジェットコースターのような波乱万丈な人生をわざわざ好む方も。それでもコミュニケーションを重視するフレンドリーな人が多いので、大変なときに人が助けてくれたり、人と人のご縁でつながっていく運命を持ち合わせています。

頭が仙人、体は蛇のような姿。鎌倉の銭洗弁財天で祀られている。

恋愛&結婚

人気者の運。異性に困ったことはないタイプですが、自分の理想が高く個性がある相手を好みます。そのため、恋多きタイプと、理想がありすぎてパートナーが見つからず独身を貫くタイプがいるでしょう。良い意味で常識に捉われない人も多くいるので、国際結婚や年の差婚、事実婚などバラエティに富んだパートナーシップを楽しむ場合もあるでしょう。ワケアリの恋愛をされる運命を持っている方も多くいます。

仕事&お金

機転もきき、テキパキと仕事をこなすので人から頼られることも多くあるでしょう。頭の回転も速いので仕事量を多く任されることもありますが、優先順位を決めてこなすことにも長けているので有能な人が多いです。ただ、人に頼ることが苦手で一人で抱えやすい傾向にあります。お金に関する専門職に就く人が多く、のちに起業をしたり、会社を立ち上げる人もいるでしょう。早いうちから才能が開花していくので、決断のタイミングをしっかりと見極めることで運命はさらに良くなっていきます。人と人のご縁で仕事も拡大していきますので、感謝を忘れないようにしていきましょう。

大器晩成で生涯お金に困らない運命です。

ラッキースポット

昼間よりも夜のレジャーや海や水とのご縁があるので、船上クルーズや夜景がきれいに見えるレストランやバーとの相性が良いでしょう。大人数でのパーティーも良いですが、自分一人の時間をリッチに過ごせる空間をもうけるとさらに運がアップします。温泉やプールなど、水に関する施設もぴったりなので、疲れたら癒されに行きましょう。

おすすめ運トレ

32ページ

このタイプの人は目標をしっかりと持ったほうが達成が早く、多面的な視野を身につけることで運が活性していきます。視野を広くして「こうじゃないと!」という頑固な面を弱めていきましょう。

守護数

6

ククリヒメ

白山神社の総本社である白山比咩神社で祀られている。

基本性格

親しみあふれる温かい人柄で、大変親切な人が多いです。謙虚なタイプも多く、コミュニケーションに癒されて「一緒にいると居心地がいい」と思われるでしょう。人によっては繊細すぎたり、人見知りで対人関係が苦手な人もいますが、時間をかけて慣れていきます。心配性なところがあり、いつも万全を期して気配り目配りをしているので、周囲からも「よく気がつくね」と言われます。思いやりもあって動物や弱者に対する慈しみにもあふれています。

恋愛&結婚

まったく知らない人と喋ることに対して抵抗を感じても、表面的には繕うことができます。そのため、相手から逆に「本音が見えない」と感じ取られることも多く、あなたが好きになった頃に、相手がしびれを切らしていることも。また尽くすタイプの人も多いので、相手を第一に考えて行動しますが、あなたの人柄の良さにつけこむ人に騙されやすい面もあります。特に人の良さから金銭の貸し借りには気をつけるようにしましょう。

仕事&お金

要領が良く、ゆっくりではありますが、しっかりと最後まで仕事をこなす人です。人によってはゆっくりとした行動力を指摘され、傷ついて「この仕事は合ってないのかも」と早い段階で転職を考えるタイプもいます。振り回されて流されやすい傾向にある人もいるので、キャパを越えそうになったら無理をせずにSOSを出しましょう。聞き上手な人が多いので子供や高齢者や弱者をケアする仕事が良いでしょう。看護師、介護福祉士、保育士、医療関係、セラピスト、カウンセラー、弁護士や専業主婦にも向いています。

また人のために寄付をしたりすると金運が良好になります。

ラッキースポット

基本的には自然や動物、子どもや高齢者と相性が良く癒される人でもあるので、そういったものと交流ができる場がラッキースポットです。遊園地、レジャー施設、森林公園、動物園、水族館、老舗の旅館やアンティークショップ、古典的な場所もぴったりです。古代遺跡や古代の歴史を学べる場所もおすすめです。

おすすめ運トレ

50ページ

自信をつけることで運が加速していきます。謙虚になってしまうくせを直すような運トレをすることをおすすめします。相手に譲ってばかりいないで、自分ファーストも心がけていきましょう。

守護数

7

ヤマトタケルノミコト

日本古代の英雄。すごい怪力の持ち主で、さまざまな征伐を行った。

基本性格

意思が強く、白黒はっきりしていると同時にとても論理的な人でもあります。雄弁な人が多く、おしゃべりが大好きなタイプ。感情の起伏が激しく、負けず嫌いも重なって思い通りにいかないとナーバスになることも。頭がいいので「自分が正しい」と思い込んでいる場合もあり、固い考えに凝り固まって人の話を聞かない傾向があります。明るく人懐っこいところを出して相手とのコミュニケーションを心がける必要があります。

恋愛&結婚

心優しくおとなしい性格の方と出会えば調和がとれて、このタイプの人の良さが引き立ちます。逆に自分と同じように活発な相手だとケンカが多く、ひどいときには周囲を巻き込んでいきます。自分の思い通りの恋愛や結婚を強く望んでいるため、愛情深く、一途な方も多くいますが、主張が邪魔をして相手に嫌気がさしてくることも。さっぱりとしていそうに見えて、裏切られるといつまでも根に持つことも……。

使うときは豪快に、特に人にプレゼントしたり、ごちそうしたりすることが好きで楽しんでお金を消費する人です。自分にももちろんご褒美と費やしますので、金銭のめぐりは良いほうです。なかには見栄っ張りでブランド物を買いあさってはキャッシング地獄に陥る方もいますので、あまりカードを持たないほうが良く、現金主義にすると金運に困ることはまずないでしょう。

仕事&お金

仕事は役職に就くのも早く出世タイプ。上司に可愛がられ、部下にも愛情深いので慕われますが、それなりの地位になるとモラハラ傾向にあるので気をつけましょう。

ラッキースポット

仕事の付き合いやデートなどで高級&オシャレなところを選ぶ才能を持っています。美味しいところをよく知っている人でもあるので、高級レストラン、料亭、老舗、オシャレなカフェなどと相性が良いでしょう。海外旅行なども相性抜群。皆が羨むようなところに行き、おすすめ情報を教えてあげるのも良いでしょう。穴場スポットを常に探求しましょう。

おすすめ
運トレ
32・98ページ

自己中心的に見られやすいことで敵を作りやすく、それがもとで損をして運が低迷してしまいます。自分のなかの執着などを手放していきながら、「絶対こうでなければ」という呪縛から解放されましょう。

守護数

8

辨財天《べんざいてん》

基本性格

自立心旺盛で、プライドや自尊心も高く、生まれつき社長気質と捉えてもいいかもしれません。上から目線になりがちですが、それに伴う知識や知恵はしっかりと習得をする努力家でもあります。特に、学歴や育ってきた環境を気にするタイプなので、他者と接する際にも同様のことを気にして人を選びがちに。良い面もありますが、偏りすぎると変わった人と見られてしまうこともあります。研究者も多く、世のなかの「なぜ?」にとても興味があるはずです。

恋愛&結婚

積極的に相手にアプローチをしますが、良いところばかりを見てもらいたい傾向にあります。そのため、自分自身も気が抜けずに恋愛疲れをしそうです。プライドの高さから、相手の条件を色々と重視しますが、自分自身もそれに対しての努力を怠らないので結婚相手はそれなりの役職がある方と結ばれるでしょう。人によってはそのこだわりがたたり、リッチな独身生活を貫く場合も。理想が高いのは悪いことではありませんが、妥協も必要です。

七福神の紅一点。音楽、財福、知恵の徳のある天女といわれている。

仕事&お金

リーダー気質で、自分がすべてを把握していないと気がすまないタイプ。出世欲も人一倍強く、上司に取り入ったりかわいがられるのもお手の物。ただし自分とはペースが違う人が出てくるとフラストレーションがたまり、相手にはっきりと言って傷つけてしまうことも。どんな仕事でも合いますが、上に立った際には威圧的になりすぎないように意識すると仕事運がさらに良くなります。

金銭面は律儀でしっかり管理するタイプですが、豪快に使うこともしばしば。遺産相続や不動産などの縁や運があるので、生涯お金に困ることはまずないでしょう。

ラッキースポット

豪華絢爛が似合う人です。ラグジュアリーな空間や宝石店、百貨店や高級ブランドショップがおすすめです。息抜きにゆったりできるエステや整体、リラクゼーションを趣旨としたところでケアをすると運気アップ。美容や自分に費やすことをしっかりと怠らなければ問題ありません。このタイプは楽しむことにケチらないほうが良いです。

おすすめ運トレ

34・36ページ

プライドが高いのは悪いことではありませんが、周囲には固い考えの人ととられがち。感受性を豊かにする運トレを実践することで相手の気持ちや立場に立って考えられる柔軟性が持てるでしょう。

守護数

9

不動明王

気性が荒い勇ましさのある姿。修行をする人を守護している神様。

基本性格

感受性が豊かで、常に自分の理想や夢を追いかけます。そんなの夢まぼろしと周囲に言われても気にせずに自分の世界観を現実にしていく努力家な側面も持ち合わせています。そのため、不可能だと思われていたことを可能にしてしまう才能を持っています。直感も冴えているので、自分の感覚に自信があります。人の意見も柔軟に捉えるのでフラットな良い印象を相手に与えます。ただし夢まぼろしだけ語って努力がないと運気は下がってしまいます。

恋愛&結婚

不思議な魅力を持っているので人を惹きつけます。しかし本人は少し夢見るタイプ。付き合ってみたもののやっぱり違うと、相手を知らぬ間に傷つけて振り回してしまう場合も。相手に合わせないので、恋愛も結婚も我が道を行く場合がありますが、最終的にはおさまるところにおさまるので大した問題ではありません。言動がときに誤解を受けることがあるのできちんとわかりやすく相手に意思表示をしましょう。

周囲から「なんでそんなものに費やすの？」とお金の使い方に疑問を持たれやすいでしょう。

仕事&お金

また趣味や資格取得に対しての投資は大変多く、自身の感受性を成長させるための努力は惜しみません。いつの間にかたくさん資格を持っていたというタイプでもあります。手先が器用なだけでなく、直感にも冴えていますのでスピリチュアルな仕事にも向いています。占い師、スピリチュアリストなどの相談業や、デザイナー、建築関係、商品企画、ＩＴ関係の仕事がおすすめです。あなたを活かしてくれる仕事場がしっかりと見つかれば長く勤められますが、なかなか見つからないと職を転々としそうです。

ラッキースポット

あなたの直感力を高めてくれて、スピリチュアリティも開花させてくれるのが、神社仏閣、パワースポットといわれるところ。占いなどで導き出した吉方位旅行を積極的に実行すると良く、教会なども相性が良いでしょう。また有能な技術を持った人たちの集まりや、それらを習得できるようなカルチャーセンターなどもおすすめです。

おすすめ運トレ

38・44ページ

高い感受性を持つとさまざまなことに振り回されることも多くあるので、スピリチュアルな感覚のバランスを整え、現実的に起こりうるアクシデントに立ち向かえるタフさを身につけると運が高まります。

あとがき

今年で相談業は14年目になりますが、15000人以上の人たちを鑑定してきて感じるのは、特別を求めすぎて自分の足元が見えなくなったり、空回りをしているような状態になっている人が多くいるということです。

あの人のようになりたい、ああなれたらもっと素晴らしい人生かもしれないのに、ふと自分を見ると滑稽に見えてしまう。

もちろん、生きていれば誰しもが一度は経験することだと思います。

そんなときこそ気づいてほしいのです。「ああなれたらいいな」と想像できることは、あなた自身の目の前にすでに「チャンス」が落ちているのだということに。

さて、ここで突然ですが「ああなれたらいいな！と思ったときどうする？クイズ」を出題したいと思います。これまで、運トレを読んでいただいたなら、もう正解はおわかりかと思いますが……。

正解はこちら。

「他人がうらやましい」

←

「まだまだ自分には素敵になれる可能性がある！　近づくためになにかに挑戦してみる」

←

「うまくいけば自信につながるし、うまくいかなかったら次のチャンスがまたあると、未来の自分に期待ができる」

もしかして、まだこっちのイメージをしていましたか？

「他人がうらやましい」

←

「自分に幻滅し、私は運が悪いんだ、できないんだと責めてしまう。変わることへの挑戦に不安を感じてその思いをスルーする」

不正解だと、感情のブレ、意識のブレ、運のブレを生み出してしまいます。

本書で、運が良くなる習慣や意識や行動はしっかりわかっていただけたと思います。

ただ、本題はここからです。

人が行動を起こすときというのは「本当に心に響いたとき」だけ。

どれだけ頭で理解できても、実際に行動や実践につなげていけるかは、「感情」に左右されるものです。これは占いでも同じことがいえます。いくらアドバイスをしても、本人の感情が動かなければ、幸せになる行動にはつながらないのです。

運を開いていくために自分を動かすには、心を動かし、アクションを起こすことが何より大切です。


本書では、私が体験し、気づき、学び、行動してきたことをもとに、開運方法をお伝えしてきましたが、自分が実践してきたなかで、ひとつはっきりとわかってきたことがあります。

人は当たり前なことほど、気づくことができません。私も、当たり前なことは見えずに、「特別な何か」を求めて手に入れられない悲運を呪っていました。

でも、本当の特別は、すでに私のなかに当たり前にあったのです。両親、祖父母、曽祖父母と、延々とたくさんの愛がつながって「私」を形成している。私は決して一人ぼっちではなく、寂しかったことも、辛かったことも、嬉しかったことも、楽しかったことも、何ひとつとして当たり前ではなかった。誰とも比べる必要のないこと。

当たり前なことこそが、特別なことだったのです。

それに気づいたとき、今の私は、「シンプルに、生かされているだけだ！」と心が一気に軽くなりました。

今後も、経験を活かしながら「占い、風水、開運、習慣、思想、宗教」などをテーマに、さまざまな開運習慣を伝えていきたいと思っています。

新しい時代に向けて、古いものも上手に活用しながら、わかりやすく伝えていければ嬉しいです。

運は常にあなたに期待しています。いつでもあなた次第で加速します。常に絶えず変化し、進化していくものです。

あなたの運は常にあなたと共にあり、あなたを求めていることを感じてください。

愛新覚羅ゆうはん

愛新覚羅ゆうはん

（あいしんかくら・ゆうはん）

占い師、風水師、開運ライフスタイルアドバイザー、デザイナー

中国黒龍江省ハルビン市生まれ。映画『ラストエンペラー』で知られる清朝の愛新覚羅一族の流れをくむ。5歳のときに来日。桑沢デザイン研究所を卒業後、北京大学に1年留学し、中国語を学ぶ。帰国後は、アパレル企業の広報宣伝などを経て、幼少期から備わっていた透視能力に加え、タロットカードや占星術なども活かし、「ジョカ」の別名で占い師デビュー。当初鑑定していた医療・教育関係者の間で話題となり、10年で延べ15000人以上を鑑定。占い・風水スクール「PRIMAVERA」を主宰し、デザイナーとしてプロデュースする開運アパレルブランド「Ryujyu 〜龍樹〜」も手がける。全国でセミナーやイベントを開催するなど多岐にわたって活動をしている。

著書に『恋とお金を引き寄せる姫風水』（扶桑社）『恋とお金の神さまに教えてもらった魔法の赤風水』（主婦の友社）『やってはいけないブラック風水』（主婦の友社）『驚くほどお金を引き寄せる龍神風水』（日本文芸社）。監修書に『間取りを気にせずできる！やったほうがイイ風水』（日本文芸社）がある。

愛新覚羅ゆうはんの公式・プロデュース＆デザイン

開運グッズ＆開運長財布

なかなか理想の開運アイテムが見つからないという皆様にぴったり！
色、素材、デザインのすべてに開運メソッドが盛り込まれた
愛新覚羅ゆうはんプロデュース＆デザインの
開運グッズ＆長財布を紹介します。このアイテムを使えば開運後押し間違いなし！

金龍の雫 宝珠

あなた自身の龍脈・龍穴を整え、ドラゴンゲートをひらく、オリジナルのマジカルアイテムとなります。すべて日本製のハンドメイドで職人がひとつひとつ仕上げますため、多少の大きさや金箔や空の出方が変わります。こちらの宝珠はシリーズ展開で発売中！

恋もお金もすべての願いを叶える

Ryujyu オリジナル開運長財布

機能性を重視した使いやすいジッパーとがまぐちが合体した二重構造仕様です。カラー、素材、日本製のハンドメイドにこだわった開運長財布です。大変使いやすいと大好評で、季節や気分によってカラーを使い替えながら楽しむ方が多いです！

公式コンテンツ

愛新覚羅ゆうはんの公式サイト　http://aishinkakura-yuhan.com/
愛新覚羅ゆうはんのマジカルオンラインショップ　http://yuhan.shop-pro.jp/
愛新覚羅ゆうはんの開運アパレル「Ryujyu ～龍樹～」　http://www.ryujyu.net/

品切れ等により、販売を終了させていただく場合がございます。商品に関するお問い合わせは、info@ryujyu.net まで。

カバー・本文デザイン●佐久間麻理・佐久間勉（3Bears）

イラスト●Meppelstatt

執筆協力●鮫島沙織

校正●玄冬書林

編集協力●オメガ社

神様《かみさま》とやるすごい運《うん》トレ

2018年8月20日　第1刷発行

著　者	愛新覚羅《あいしんかくら》ゆうはん
発行者	中村　誠
印刷所	株式会社光邦
製本所	株式会社光邦
発行所	株式会社日本文芸社
	〒101-8407　東京都千代田区神田神保町1-7
	電話　03-3294-8931（営業）　03-3294-8920（編集）

Printed in Japan
112180810-112180810Ⓝ01
ISBN978-4-537-21605-9
URL　https://www.nihonbungeisha.co.jp/

（編集担当：河合）